미술과 여행을 좋아한다면

뮤지엄
스토리텔러

이은화 지음

TALK SHOW

"

좋아하는 직업을 택하면
평생 하루도
일하지 않아도 된다.

"

- 공자 -

"

당신이 사랑하는 일을
찾아야 합니다.
사랑하는 사람을
찾아야 하듯 일 또한
마찬가지입니다.

"

- 스티브 잡스 -

C·O·N·T·E·N·T·S

뮤지엄스토리텔러 이은화의
프러포즈

PRO
POSE

안녕하세요.
대한민국 최초이자 최고의 뮤지엄스토리텔러,
이은화입니다.

제 직업명이 많이 생소하신가요?
뮤지엄스토리텔러는 미술관과 박물관을 소개하는
이야기꾼입니다.

저는 미술관이나 박물관에 가는 걸
너무나 좋아합니다.
뮤지엄에서 전시도 보지만 자료를 찾고 강의도 하고
콘서트, 패션쇼 등 다양한 문화생활을 즐깁니다.
그리고 속상한 일이 있을 때는
미술관 벽에 걸린 그림들을 보며

위로를 받기도 해요.

뮤지엄은 제게
일터이자
놀이터이고,
도서관이자
치유의 장소입니다.

뮤지엄을 좋아하는 것에 그치지 않고
꾸준히 공부하고 깊이 파고 들어갔더니
취미가 어느새 직업이 되었습니다.

'21세기는 문화 경쟁의 시대'라고 합니다.
뮤지엄은 한 국가의 문화 수준을 비춰주는
맑은 거울이고요.
그래서일까요? 최근 전 세계의 많은 나라들이
앞 다투어 새 뮤지엄 건립에 노력을 쏟고 있습니다.
우리나라에도 이미 천 개가 넘는 뮤지엄이 있지만
새로운 뮤지엄들이 계속 생겨나고 있어요.
해서 뮤지엄스토리텔러가 많이 필요한 시대가 곧 올 겁니다.

뮤지엄스토리텔러는 그 누구보다 먼저
뮤지엄을 체험하고 속속들이 공부합니다.
그 경험에 스토리를 엮어
사람들에게 신명 나게 알려주는 이야기꾼입니다.

미술관이나 박물관, 그리고 여행을 좋아한다면
꼭 한 번 도전해 보세요.
자신의 지식과 정보, 경험을 타인과 나누는 기쁨은
돈을 많이 벌어서 부자가 되는 것보다
훨씬 더 크고 깊은 행복감을 줍니다.

뮤지엄스토리텔러가 아니어도 좋아요.
남들이 가지 않는 길을 도전하고
새로운 직업을 만드는 당신을
보고 싶습니다.
마음의 소리에 귀를 기울이세요.
좋아하는 일, 관심 가는 일을 찾아
머리가 아닌 몸과 열정으로
도전하고 경험하세요.

단, 어떤 일을 하든
전문적인 공부, 치열한 노력,
어려움이 있어도 포기하지 않는 끈기를 갖기로
약속해요.

일과 놀이, 공부가 일치하는
특별하고 행복한 직업이
푸른 미래의 어딘가에서
여러분을 기다리고 있을 겁니다.

여러분의 도전과 열정에 응원을 보냅니다.

– 대한민국 1호 뮤지엄스토리텔러 이은화

첫인사

편 　토크쇼 편집자

이 　뮤지엄스토리텔러 이은화

편 선생님 안녕하세요.

이 안녕하세요.

편 사진으로만 뵈었는데 실제로 만나니 더 아름다우신 것 같아요. 아름다운 미술작품을 많이 접하면 저도 선생님처럼 반짝반짝 빛이 날까요?

이 미술은 우리의 외모가 아니라 마음을 아름답게 해준다고 봐요. 마음이 아름답다면 그것이 얼굴이나 말, 행동 등으로 표현된다고 생각합니다. 확실한 건 미술과 친해지면 우리 삶이 더 아름답고 풍성해진다는 거죠.

편 저는 미술에 대해 아무런 지식도 없지만 학창 시절 친구에게 상처받고 힘들었을 때 모네 전시회를 보고 마음이 편안해졌던 기억이 있어요. 물 위에 떠 있는 수련 연작을 보면서 나도 세상을 비관할 게 아니라 모네처럼 주위의 아름다움을 찾아서 바라보자고 생각했어요.

이 그런 게 바로 미술의 힘인 것 같아요. 미술은 때로 우리에게 친구처럼 따뜻한 위안을 주죠. 단순히 감상의 대상으로 그치는 게 아니라 아름다움을 내 마음에 물들여서 상처를 치료하죠. 사람을 아름답게 만드는 일이 세상을 아름답게 만드는 일이라고 생각합니다. 좋은 경험을 하셨네요.

편 뮤지엄 스토리의 최고 저자이신 선생님과 함께 미술 여행, 미술관 여행 그리고 뮤지엄스토리텔러라는 흥미로운 직업의 세계로 여행을 떠나려고 합니다. 저는 미술이나 미술관에 대해 잘 모르지만, 이 기회에 직업과 미술을 함께 체험한다고 생각하고 열심히 따라가겠습니다. 잘 부탁드립니다.

이 감사합니다. 제가 도움이 되었으면 좋겠습니다.

뮤지엄스토리텔러

Museum Storyteller

문화체육관광부

한국출판문화산업진흥원

서초구립반포도서관

반포구립도서관에서
길 위의 인문학 강의

뮤지엄 스토리란 무엇인지 알려주세요.

편 뮤지엄 스토리란 무엇인지 알려주세요.

이 뮤지엄 스토리는 말 그대로 미술관의 이야기예요. 저는 미술관의 많은 이야기를 꺼내서 펼쳐놓는 뮤지엄스토리텔러죠. 미술관의 이야기는 정말 많아요. 기본적으로 미술관의 역사가 있어요. 설립 배경부터 운영 방식, 작가와 전시의 역사, 미술관 건축 이야기 등. 이런 다양한 이야기들이 모두 뮤지엄 스토리예요. 특히 획기적인 전시로 큰 이슈를 일으킨 사건들도 뮤지엄의 중요한 스토리가 되죠.

편 미술관에서 소장하고 있는 작품, 그 작품의 작가도 다 뮤지엄 이야기가 되는 거네요.

이 그렇죠. 특히 유명 미술관의 소장품 중에는 미술사적으로 중요한 작가의 작품들이 많아요. 그 작가들의 이야기만 해도 엄청난 양이에요. 작가와 작품 모두가 이야기 소재가 돼요.

편 재미있긴 하지만 어려운 일인 것 같아요. 아는 만큼 보인다고 하잖아요. 그런 것을 다 이야기하려면 고도의 지식을 갖취야 하나요?

이 미술사적인 지식도 어느 정도 갖고 있어야 하지만 더 중요한 건 실제로 미술관을 다 가보는 거예요. 전시도 정보만 수집하는 게 아니라 직접 봐야죠. 직접 보고, 경험해야 제대로 된 이야기를 할 수 있어요. 가능하다면 미술관을 한 번이 아니라 여러 번 방문해야 이야깃거리가 더 많아지겠죠.

미술관의 다양한 모습을 보는 것 같아요.

[편] 선생님은 미술관에 관한 강의를 할 때 미술관 카페에서 사용하는 찻잔까지도 이야기한다고 들었어요. 미술관의 세세한 모든 것을 꿰뚫어 보는 것 같아요.

[이] 네. 미술관을 다각도로 직접 체험해 봐야 할 수 있는 이야기죠. 어떤 미술관 카페는 수십만 원짜리 본차이나 도자기 잔만 쓰는 곳도 있고, 어떤 미술관은 화장실이 예술 작품인 곳도 있고... 직접 경험해 보지 못하면 절대 알 수 없는 정보들이죠. 책이나 인터넷을 통해 얻을 수 있는 미술관 정보는 한계가 있어요. 잘 찍은 사진 속의 미술관 모습, 전시나 대표 소장품에 관한 간략한 정보가 전부일 거예요. 그럼 죽어있는 이야기죠.

그런데 내가 직접 체험한 이야기는 살아있는 이야기잖아요. 뮤지엄스토리텔러가 자신이 경험한 미술관 이야기를 말로 하면 강연이고 글로 쓰면 책이 되죠. 살아있는 이야기를 하고 싶어서 직접 취재를 가는 거예요. 어떤 미술관은 여러 번 방문하고 또 계절을 달리해서 가봐요. 한 전시만 보는 게 아니라 여러 전시를 봐야 미술관을 제대로 체험하는 거예요.

그래야 스토리를 제대로 잡아낼 수 있어요. 근데 이게 다 좋아서 하는 일이에요. 좋아하는 사람의 안부가 궁금하듯 저는 관심 있는 미술관의 안부가 늘 궁금해요. 현재 어떤 전시가 열리는지 어떤 색다른 이벤트가 열리는지 항상 궁금해요. 그 궁금증을 해결하기 위해 미술관을 찾는 거죠.

사람들에게 이야기하고 싶은 이유가 있나요?

☐편 미술관의 모든 것에 관심을 갖고 사람들에게 이야기하는 이유가 있나요? 그냥 좋아서 하는 거예요?

☐이 제가 경험한 것들이 너무 좋으면 사람들과 나누고 싶어져요. 예를 들어 내가 어디 놀러 갔는데 너무 재미있는 거예요. 그러면 친구들에게 거기는 어떤 곳인데 무슨 일이 있었고 너무 재미있으니 꼭 가보라고 추천하잖아요.

미술관이 그런 곳이에요. 가본 곳들이 너무 좋으니까 다른 사람들한테도 가보라고 이야기하고 싶어요. 미술관은 아는 만큼 보이는 곳이고, 보이는 만큼 즐길 수 있는 곳이에요. 알고 가면 소장품도 달리 보이고, 커피가 맛있는 미술관 카페에선 전시 관람 후 커피도 한잔할 수 있는 거고, 또 조각공원이 예쁜 데는 조각공원도 들르게 되죠. 외국의 어떤 미술관은 관람객에게 카페에서 무료 식사까지 제공하는 곳도 있어요. 그런 곳은 미술관 관람 후 카페 방문이 필수인 거죠. 모르면 그냥 지나치는 거고요. 알고 가면 그곳에 대해 잘 모르고 찾아오는 사람들보다 나만의 새로운 경험을 더 만들 수 있을뿐더러 아는 만큼 더 챙기게 되죠.

요즘은 소유에 투자하기보다 새로운 경험에 투자하는 사람들이 늘고 있는 것 같아요. 저는 점점 더 그렇게 되어야 한다고 생각해요. 제가 가르치는 대학생들에게도 남들이 하지 않은 경험에 투자를 많이 하라고 항상 이야기하는데 미술관은 그러한 경험이 가능한 곳이죠.

　인터넷에 있는 정보가 아니라 생생하게 경험한 것들을 이야기하면 내 이야기를 통해 누군가 간접경험을 하고, 간접경험을 통해 직접경험을 시도해요. 그러면 새로운 경험을 만들어 가는 사람들이 점점 늘어나는 거죠.

　20년 넘게 미술관 강의를 하고 있는데 수년째 듣고 있는 사람들이 있어요. 제 이야기를 듣고 유럽 여행을 몇 번씩 다녀온 사람도 있죠. 그분들과는 일방적인 경험을 이야기하는 게 아니라 서로의 경험을 공유하는 공감의 대화를 해요. 경험을 전달하고 함께 공유하고 친구가 되어 가는 것. 이런 게 너무 좋아요.

뮤지엄스토리텔러는 선생님 한 명이죠?

편 우리나라의 뮤지엄스토리텔러는 선생님 한 명이죠?

이 인터넷에서 뮤지엄스토리텔러를 검색하면 저밖에 안 나올 거예요. 미술을 이야기하는 아트스토리텔러라는 직업은 여러 명 있어요. 미술평론가들도 자신의 직업을 아트스토리텔러라고 하더라고요. 미술에 관해 이야기를 하는 사람들은 많아요. 사실 미술사 전문가들은 모두 아트스토리텔러가 될 수 있어요.

그런데 뮤지엄스토리텔러를 하기는 쉽지 않아요. 왜냐하면 시간과 비용이 많이 들어가거든요. 저처럼 하나의 미술관에 대해 전방위적인 글을 쓰려면 한 번의 방문으로는 안돼요. 여러 번 가봐야 해요. 시간적 여유가 있어야 가능한 일이죠.

저는 지금까지 미술작가, 평론가, 독립큐레이터, 대학 강사 등 비교적 시간을 자유롭게 쓸 수 있는 일을 하며 살았어요. 해서 미술관 다니는 게 취미이자 직업인 거죠.

그리고 이 점도 아셔야 해요. 뮤지엄스토리텔러는 제가 창조한 직업이라는 것. 그래서 저밖에 없는 거예요.

다양한 정보와 지식은 어떻게 채우나요?

편 다양한 정보와 지식은 어떻게 채우나요?

이 한 곳을 여러 번 가면 경험이 쌓이고 그것이 이야기가 돼요. 미술관은 그대로 있지만 전시가 바뀌고, 만나는 사람이 바뀌고, 계절이나 시간에 따라서 주위 환경도 달라지죠. 그러면서 이야깃거리가 자꾸 늘어나는 거예요.

저는 영국에 있는 뮤지엄의 스토리텔링을 할 때 이야기가 제일 많아요. 영국에서 오래 살았고, 그곳 미술관들을 도서관이자 학교처럼 여기고 자주 다녔기 때문이죠. 한 곳을 여러 번 방문해야 이야깃거리가 많이 생겨요. 단 한 번의 경험을 가지고 이야기하기는 쉽지 않죠.

미술관 이야기 중에서 재미있는 부분이 따로 있나요?

편 미술관 이야기 중에서 재미있는 부분이 따로 있나요?

이 전시의 역사가 흥미로운 미술관도 있고 설립의 역사가 재미있는 곳도 많아요.

돈과 땅, 소장품이 있다고 미술관을 다 지을 수 있는 건 아니에요. 운영비용도 만만치 않거든요. 외국은 공공미술관을 짓는데 30년이 걸리기도 하고 지역주민들과의 타협 때문에 무기한 연기되는 곳도 있어요.

미술관 설립 과정이 감동적인 곳도 많아요. 시립미술관 하나를 짓기 위해 시 당국뿐 아니라 시민단체와 기업체, 지역 주민들이 모두 자기 일처럼 앞장서서 함께하는 경우도 있어요. 우리가 본받아야 할 이야기라고 생각해요. 유럽에는 미술관 설립을 위해 사회적 합의를 끌어내는 과정을 잘 보여주는 모범사례들이 많아요.

우리나라의 경우 국공립미술관이 시민의 의견과 상관없이 뚝딱 지어지는 경우가 많아요. 그렇게 지어지면 우리들의 미술관이라는 생각은 별로 안 들겠죠. 그래서 우리는 미술관에 기부도 잘 안 하죠. 외국은 설립을 위해 사회적 합의를 거치고 미술관을 지을까 말까 주민 투표도 하고, 의회에서 투표하는 경우도 있어요. 한 개의 미술관을 지으면서 그렇게 하는 곳들이 많아요. 또한 개인이 기부하고 기증해서 설립된 국공립 미술관도 많죠.

『가고 싶은 유럽의 현대미술관』 책에 소개한 미술관 대부분이 그래요. 그중 네덜란드의 국립미술관인 크뢸러 뮐러 미술관Kröller-Müller Museum이 대표적이에요. 크뢸러 뮐러라는 이름의 부호 부부가 2,000여 점의 소장품을 가지고 있었는데 그중에 반 고흐의 작품만 272점이에요. 그뿐만 아니라 세잔, 모네, 쉬라 등의 엄청난 작품을 가지고 있었어요.

자본주의의 논리로 보면 이들 부부는 자신들만의 개인 미술관을 짓던가, 작품들을 시장에 내놓던가, 자식들한테 물려줘야 하는데 국립미술관 설립을 위해 국가에 전부 기증하죠. 소장품만 있다고 미술관이 지어지는 게 아니기 때문에 그들은 땅도 같이 기증해요. 대신 국가는 건물을 짓고 운영을 맡는 거죠. 네덜란드 정부 입장에서는 양질의 소장품과 땅까지 그저 생겼으니 이들 부부가 얼마나 고맙겠어요. 해서 국립미술관인데도 최초 설립자의 이름을 따서 크뢸러 뮐러 미술관이라고 이름 지은 거예요. 외국의 국공립미술관들은 이렇게 개인의 기부에서 시작된 경우가 참 많아요. 부러운 이야기죠.

편 미술관의 설립부터 매우 많은 스토리가 있네요. 우리나라에도 그런 스토리를 가진 미술관이 있나요?

이 아쉽게도 우리는 이런 감동적인 이야기가 별로 없어요. 지자체들이 경쟁하듯 미술관을 짓고는 있지만 운영비용이나 전시 예산, 소장품 구입 비용이 부족해 운영에 어려움을 겪는 얘기를 많이 들어요.

우리나라는 대기업이나 부호들이 미술관을 지어서 국가에 기증하기보다 자체적인 미술관 설립에 더 관심이 많은 듯해요. 삼성미술관 리움, 한솔재단에서 설립한 뮤지엄 산, 현대그룹에서 지은 제주의 본태미술관 등이 대표적인데, 직접 가보시면 알겠지만 다들 건축도 소장품도 모두 훌륭해요. 미술관이 꼭 국공립만 있어야 하는 건 아니니까 다양한 설립 형태의 미술관이 계속 생겨나는 건 좋은 일이죠.

우리나라의 경우엔 오히려 사립미술관의 스토리들이 감동적인 경우가 많아요. 우리 문화재를 지키기 위해 애쓰신 간송 전형필 선생이 세운 간송미술관이나 사진작가 김영갑 선생이 루게릭병으로 죽어가면서도 생명과 맞바꾸어 지은 제주의 김영갑갤러리 두모악 같은 경우는 참 감동적인 설립 스토리를 가지고 있는 곳들이죠.

유럽에 비해 뮤지엄의 역사가 짧은 만큼 더 감동적이고 아름다운 뮤지엄 스토리는 이제부터 만들어가야 한다고 봐요.

편 뮤지엄 스토리텔링을 할 때 강조하는 부분이 있나요?
이 미술관마다 달라요. 설립 배경이 중요한 곳도 있고, 건축 자체가 이슈를 일으킨 곳도 있고, 소장품에 얽힌 재밌는 사연이 있는 곳도 있어요. 강조하는 부분들이 조금씩 달라질 수밖에 없죠.

어떤 미술관은 소장품이 하나도 없는데도 유명해요. 기획전만 여는 곳들인데, 이슈를 일으키는 특별한 전시를 열어요. 상식을 뛰어넘는 기상천외한 전시를 열어 화제가 되곤 하죠.

기상천외한 전시는 어떤 거죠?

▣편 기상천외한 전시는 어떤 거죠?

▣이 베를린의 함부르거 반호프Hamburger Bahnhof 현대미술관을 예로 말씀드리죠.

2010년 카스텐 휠러Carsten Höller라는 작가의 개인전이 이곳에서 열렸어요. 순록 열 두 마리와 카나리아 새 스물네 마리를 풀어놓고 미술관을 동물원으로 만든 전시였죠. 우리는 미술관에 가면 미술작품들이 있으리라고 생각하는데 그걸 깨는 거죠. 순록들이 돌아다니고 카나리아 새들이 날아다니는 동물원 같은 낯선 환경을 미술관 안에 만든 거예요.

게다가 높은 계단 위에 더블 침대를 놓아두고 실제로 관객들이 숙박을 할 수 있게 했어요. 우리는 상식적으로 미술관에서 잠을 잔다는 생각을 못 하잖아요. 카나리아 새들, 순록들과 함께 하룻밤을 보낼 기회가 바로 작품이었어요.

더 놀라운 건, 하루 숙박비용이 우리나라 돈으로 150만 원이었는데 전시 기간 내내 다 팔렸어요. 이렇게 사람들은 특별한 경험에 기꺼이 투자해요.

미술관에서 잠을 자는 경험은 아무나 할 수 있는 게 아니잖아요. 돈만 있다고 할 수 있는 것도 아니고요. 이 전시 기회 말고는 못하죠. 그래서 당시에 큰 이슈가 되었어요.

편 그런 미술관은 특별한 전시를 강조해 스토리텔링하시겠네요?

이 그렇죠. 저 역시 특별한 전시의 스토리텔링을 위해 기꺼이 시간과 비용을 투자하는 편이에요. 2015년 여름에는 전시 하나 때문에 일부러 독일 뒤셀도르프까지 갔어요. K21이라는 미술관에서 열린 토마스 사라세노Tomás Saraceno의 〈궤도에서〉라는 전시를 '경험'하기 위해서였죠. 이곳은 유리로 된 돔 천장으로 유명한 곳인데 천장이 매우 높아요. 이곳에 사라세노는 하얀색 그물을 설치해서 사람들이 그 위를 걸어 다닐 수 있게 했어요. 그물 밑은 뻥 뚫려 있어 20미터 높이의 아래가 다 보여요.

그래서 공포심 때문에 처음에는 제대로 걷지도 못하고 넘어지기 일쑤였죠. 하지만 조금 익숙해지고 요령도 생기니까 제가 마치 우주인처럼 우주 상공을 유유히 떠다니는 것 같은 신비한 체험을 했죠. 두 번 다시 오지 않을 기회일 거라는 생각 때문에 독일까지 갔던 거고 지금 생각해도 참 잘한 것 같아요. 비용은 좀 들었지만, 우주여행보다는 유럽 여행이 싸잖아요.

K21에서

스토리텔링의 주요 소재는 뭔가요?

편   스토리텔링의 중요한 소재로 또 뭐가 있을까요?

이   미술관의 소장품들도 중요한 소재죠. 어떤 소장품의 경우는 굉장한 사연을 가지고 있어요. 보통 '모마MoMA'라고 부르는 뉴욕 현대미술관을 예로 들어 볼게요. 이곳 대표 소장품 중에 앤디 워홀의 〈캠벨 수프 캔〉이라는 유명한 작품이 있어요. 슈퍼마켓에 파는 캠벨 수프 캔을 그린 32점의 작은 그림들이에요.

　이 작품이 모마로 가게 된 스토리가 있어요. 1960년대 초 상업미술가에서 순수미술가로 전향한 앤디 워홀은 모마에 작품 기증 뜻을 밝혔지만, 매번 거절당했어요. 상업적인 미술을 취급 안 한다며 무시한 거죠. 모마뿐 아니라 당시 누구도 앤디 워홀의 작품성을 알아보지 못했어요. 〈캠벨 수프 캔〉은 앤디 워홀의 1962년 첫 개인전 때 선보였지만 판매에 실패했고, 결국 당시 갤러리 주인이었던 어빙 블룸이란 화상이 싼값에 사줘요. 그런데 앤디 워홀이 성공한 후 이 작품을 일본의 한 고객이 1,600만 달러에 사겠다고 했어요. 그때가 1985년이었어요. 하지만 어빙 블룸은 팔지 않아요. 그리고 때를 기다렸죠.

결국 1995년 그 작품을 누가 산줄 알아요? 바로 앤디 워홀 작품을 거절했던 뉴욕 모마가 사게 돼요. 1,450만 달러, 우리 돈으로 약 153억 원이란 엄청난 가격에. 물론 일본 고객이 제시했던 가격보다 싸게 판매했지만, 어빙 블룸은 이 작품이 해외가 아닌 뉴욕 모마에 있어야 한다고 판단했던 거죠. 모마 입장에서는 '작가가 작품을 기증한다고 했을 때 받을걸' 하고 엄청나게 후회했을 거예요.

반대로 모마의 뛰어난 안목 덕분에 소중한 작품을 갖게 된 경우도 있죠. 모마의 초대 관장이었던 알프레드 바Alfred Barr는 피카소의 〈아비뇽의 아가씨들〉을 소장하기 위해 당시 미술관에 있던 인상파 작품들을 여럿 처분했다고 해요. 보통 미술관들은 작품을 구입만 하지 상업 화랑들처럼 샀던 걸 판매하지는 않거든요. 그런데 이 작품은 피카소의 입체파 화풍을 대변하는 미술사적으로 너무 중요한 작품이거든요. 모마 관장은 그걸 미리 알아봤던 거죠. 여러 작품의 희생을 감수하고서라도 중요한 이 작품을 손에 넣은 건데 잘 판단한 거죠.

이 밖에도 뮤지엄스토리텔러는 미술관에 대해 전부 다 이야기해요. 말씀드렸듯, 소장품이나 전시는 기본이고 건축, 미술관의 부대시설, 행사, 카페, 도서관, 직원들까지도. 미술관에서 보고, 듣고, 경험한 모든 것이 스토리텔링의 대상이 돼요.

편 뮤지엄스토리텔러라는 이름이 정확히 맞네요.

이 그렇죠? 미술관의 세세한 모든 것에 관심을 가져야 이야 깃거리도 더 풍성해져요. 어떤 미술관들은 화장실도 굉장히 독특해요. 몇 해 전에 가본 어떤 미술관은 화장실 세면대의 비 누도 작가의 작품이더라고요. 비누는 쓰면 닳아 없어지는데 그 자체가 작품의 콘셉트예요. 작가의 작품을 내가 사용하는 거죠.

강원도에 있는 어떤 미술관은 내부에 항아리 모양의 대형 조형물을 설치해 놓았는데, 표면은 은색으로 반짝반짝해 아주 예뻤어요. 이게 뭐냐고 관장님께 물어봤더니 남자 한 사람만 들어갈 수 있는 공간이라는 거예요. 그래서 남편이 들어갔는 데 남자 화장실이었어요. 항아리를 닮은 예술 작품 속에 들어 가 배설이라는 일상의 경험을 하게끔 의도한 거죠. 이렇게 예 술가들은 엉뚱해요. 화장실 하나를 만들어도 굉장히 독특하게 만들어요. 이런 재밌는 발상들이 모여 있는 곳이 미술관이에 요.

새로운 것에 대한 호기심이 필요한 거죠?

[편] 뮤지엄스토리텔러를 제대로 하려면 필요한 게 명확하네요. 새로운 것에 대한 호기심, 변화에 대한 민감함 등이요.

[이] 새로운 것을 배우고 싶은 열정과 호기심은 기본이에요. 어떤 공간이나 현상을 그냥 지나치면 안 돼요. 그리고 이 세상의 어떤 것도 멈춰 있는 건 없어요. 다 변화하죠. 그 변화를 감지할 수 있는 눈이 필요해요. 민감함과 호기심을 스스로 키워야 해요.

저 역시 호기심도 많고 변화에 민감해요. 사람들은 카페에 가면 커피만 마시고 나오지만 저는 커피 한 잔을 마시면서도 공간 인테리어부터 커피 기계나 컵의 종류, 화장실은 어떻게 꾸몄는지, 조명은 뭘 썼는지 등 하나하나 살피면서 커피를 마셔요. 카페 메뉴판 디자인 하나만 봐도 그 카페의 수준이 다 보여요.

다양한 것에 관심이 많은 거죠. 저는 저와 관련이 있는 것만 보지 않아요. 주변의 변화나 사소한 것들에 늘 관심을 가지죠. 미술작가여서 그럴 수도 있지만 호기심이 많은 기질적인 부분이 더 큰 것 같아요.

선생님의 뮤지엄 스토리텔링은 다른가요?

편 미술관에서 작품 설명을 해주는 도슨트에게 듣는 설명과 선생님의 뮤지엄 스토리텔링은 많이 다른가요?

이 저는 대중 강연를 많이 해요. 강의를 듣는 수강생들에게 늘 듣는 말이 제 강의가 독특해서 좋대요. 왜냐하면 미술작품 이야기만 들으면 미술사적인 부분으로 치우쳐 지겨울 수 있는데, 저는 작품 설명뿐 아니라 미술관에 얽힌 온갖 다양한 이야기를 다 해주니까 지루하지 않대요.

어떤 사람들은 건축에 관심이 많지만 또 어떤 사람들은 건축에 전혀 관심이 없어요. 어떤 사람들은 미술에 관심이 있지만 또 어떤 사람들은 미술보다는 새로운 여행 정보를 얻고 싶어서 제 강의를 들으러 오죠. 이렇게 다양한 사람들을 충족시키려면 이야기 소재의 적당한 분배가 필요해요.

미술관 이야기와 함께 중요한 작가는 꼭 짚고 넘어가죠. 작가에 대해 강의할 때는 대학원 수준 이상으로 깊이 들어갈 때도 있어요. 왜냐면 강의와 책을 통해 사람들에게 현대미술의 매력을 알리는 게 제 의무라고 생각하기 때문이에요. 그렇지만 대부분은 미술관의 재미있는 이야기와 알려지지 않은 비하인드 스토리 위주로 풀어가요. 그래서 다들 좋아하세요. 제 강의를 듣고 난 후 '꼭 가봐야지'라는 생각을 많이 하신대요.

제 역할은 그거예요. 사람들이 제 강의를 듣고 그곳에 꼭 가봐야겠다는 마음이 들면 성공했다고 생각해요. 실제로도 제 강의를 들었던 분들이 포함된 그룹을 이끌고 유럽으로 아트 투어를 다녀오기도 했고, 내년에도 수강생들과 함께 아트 투어를 갈 계획이 있어요.

이 분야에 대한 수요가 많은가요?

편 이 분야에 대한 수요가 많은가요?

이 그럼요. 미술관과 미술에 대한 이야기를 듣고 싶어 하는 수요는 매우 많아요. 제일 많이 강연 요청을 해오는 곳은 전국의 미술관, 백화점 문화센터, 대기업, 공공 도서관 등이에요. 일종의 인문학 열풍이죠. 직장인은 미술관 한 번 가는 것도 쉽지 않아요. 강의할 때 제가 미술관에서 직접 찍은 사진을 자주 보여줘요. 사람들은 화면 속 멋진 미술관 풍경과 그림들을 보면서 대리만족을 느끼고 힐링하는 거죠. 동시에 여행 정보도 얻고요.

또한 전 세계에 지금 새로운 뮤지엄 건립 붐이 일고 있어요. 왜냐면 뮤지엄이 그 나라 문화 수준의 척도일 뿐 아니라 새로운 경제 가치를 창출해 내는 토대가 되고 있기 때문이에요. 우리나라도 마찬가지예요. 통계청 자료를 보면, 2006년 491개였던 우리나라 뮤지엄 수는 2020년 1,164개로 늘어났어요. 15년도 안 되는 짧은 기간에 엄청난 수의 뮤지엄들이 새로 생겨났고 앞으로도 더 많이 생겨날 겁니다.

해서 저 같은 뮤지엄스토리텔러가 많이 필요한 시대가 곧

올 거예요. 꼭 가봐야 할 뮤지엄 수는 너무 많은데 우리의 여가 시간은 한정되어 있어요. 그러니 뮤지엄 전문가에게 방문지를 추천받고 그곳에 대해 미리 이야기를 듣고 싶어 하는 수요가 점점 늘어날 수밖에 없다는 거죠.

왜 그렇게 미술관이 중요하다고 생각하세요?

편 미술관이 우리 삶에 어떤 의미가 될 수 있을까요? 왜 그렇게 미술관이 중요하다고 생각하세요?

이 저는 사람들에게 미술이 당신의 삶을 또 다른 길로 이끌어 줄지도 모른다고 이야기해요. 미술은 사람하고 달라요. 사람은 실망시키고 배신할 수 있지만 미술은 안 그래요. 사귀면 사귈수록 애인 같고 믿음이 가고 나를 배신하지 않아요. 오히려 위안을 주고 행복을 주죠.

물론 미술품을 투자의 관점에서 보면 배신도 당하겠지만 대부분의 사람은 투자자가 아니고 감상자잖아요. 미술은 알면 알수록 행복감을 주고 힐링이 돼요.

우리가 늘 배가 고픈 건 아니잖아요. 배고픈 건 어느 정도 해결된 시대에 살고 있죠. 그러나 반대로 정신적으로는 더 허기가 진 것 같아요. 마음이 텅 빈 것처럼 외롭고 무엇을 해도 충족이 잘 안될 때가 있죠. 이럴 때 내 마음을 무엇으로 채우는 게 좋을까요? 저는 미술과 사귀라고 많이 권해요. 애인, 자녀, 배우자, 친구도 채워줄 수 없는 영혼의 허기를 미술이 채워줄 수도 있거든요. 감상만 할 때는 돈도 별로 안 들어요. 미술은 인간의 마음을 향한 선물이라고 생각해요.

전 미술관에 가는 날이면 기분이 좋아져요. 막 설레기도 하고요. 연인과의 데이트 코스, 가족 나들이, 친구들과의 만남의 장소로도 좋아요. 미술관에서 좋은 사람 만나 같이 전시도 보고 추억도 쌓고 차도 한잔 마시고. 그렇게 시간을 보내면 좋을 것 같아요. 그렇게 보낸 하루는 분명 오래오래 기억에 남을 거예요.

편 미술이 사람들에게 행복을 주네요. 우리가 미술을 알고 친해져야 하는 또 다른 이유가 있나요?

이 이 책을 읽는 청소년들이나 제가 가르치는 학생들에게 이 말을 꼭 하고 싶어요. 현대미술과 한번 사귀어 보라고.

미술작품이 갖는 혁신적인 발상들, 고도의 창의성, 톡톡 튀는 아이디어. 최근의 현대미술을 보면 모든 것이 발상의 전환이에요. 아까 미술관에서 잠자는 작품에 관해 이야기했죠? 교양 있게 관람하는 미술관에서 잠자는 미술관으로 기존의 가치를 전복시킨 거잖아요. 창의적인 사람들이 그런 획을 그어야만 인류사가 새로운 발전의 길로 들어갈 수 있어요. 세상을 변화시킨 사람들은 기존의 길을 간 게 아니라 없는 길을 만든 사람들이죠. 예술가들이 그 역할을 하고 있어요. 예술가들은 없는 것을 만들어 내는 사람들이에요.

젊은 친구들이 현대미술을 많이 알고 친하게 지내야 한다고 생각해요. 현대미술의 도전정신, 즉 불가능한 것을 작품으로 만들어 내는 혁신성과 노력을 배워야죠. 그래서 자기가 어떤 분야의 일을 하든지 없는 길을 선택해 새로운 흐름을 만들어 냈으면 좋겠어요. 그런 것들을 미술을 통해서 배웠으면 하는 바람이죠.

IT 회사에서도 종종 강연 요청을 해 와요. IT 회사에서 미술가인 저를 왜 부르겠어요. 지금은 기술만 개발해서 되는 시대가 아니거든요. 새로운 것, 즉 현대미술을 통해서 발상의 전환을 배운 후 첨단의 기술에 미적인 것까지 결합해야 한다고 생각하는 거죠.

편 학생들이 선생님과 같은 일을 하고 싶어 할까요?

이 2003년부터 대학 강의를 했어요. 학생들 중 저를 롤모델로 삼고 싶어 찾아오는 경우가 많아요. 제가 하는 일이 워낙 다양하니까요. 글 쓰고, 그림 그리고, 전시 기획과 강의도 하고. 이렇게 다양한 일을 다 해내고 싶은 학생들이 많은 것 같더라고요.

이 모든 일은 제가 원해서 선택한 거고, 그렇다 보니 늘 해피

모드를 유지하고 살고 있어요. 좋아하는 일은 밤을 새우더라도 즐겁게 하잖아요. 학생들 눈에도 제가 행복해 보이나 봐요.

성공의 기준이 물질적인 것이 아니라 행복감이나 성취도에 있다면 전 성공한 사람이에요. 그동안 우리 사회는 하나만 제대로 잘하라고 요구했어요. 그렇지만 이제는 멀티플레이어가 되지 않으면 어떤 분야도 살아남을 수 없는 시대죠. 그래서 전 학생들에게도 멀티플레이어가 될 수 있도록 늘 준비하고 연습하라고 얘기해요.

수원시립미술관에서의 도슨트 양성 강의

미술과 여행을 좋아한다면
뮤지엄 스토리텔러

뮤지엄스토리텔러가 되려면

Mento & Mentee

어떤 사람에게 적합한 직업일까요?

편 뮤지엄스토리텔러는 어떤 사람에게 적합한 직업일까요?

이 일단 미술과 여행을 좋아하고, 말하기 좋아하고, 내가 알고 있는 지식과 정보를 타인과 공유하는 걸 좋아하는 사람이요. 사실 정보를 독점하고 싶어 하는 사람도 있거든요. 그런 사람은 이 직업을 선택하면 안 돼요. 저는 새로운 지식과 정보가 있으면 사람들과 나누고 싶어서 안달이 나요. 독점하고 싶은 사람은 발전이 없다고 생각해요. 지금의 시대는 정보와 지식을 계속 나눠야 서로 발전한다고 봐요.

편 어떤 청소년들이 뮤지엄스토리텔러라는 직업을 가지면 좋을까요?

이 미술 감상, 글쓰기, 말하기를 좋아하는 사람. 여행을 좋아하고 어딘가에 얽매이기 싫어하는 자유 영혼들. 주 3회 일하면서 일과 놀이와 공부가 일치되는 삶을 꿈꾸는 청소년들이죠. 일을 안 하는 날은 노는 게 아니라 공부를 해야 돼요. 자기 관리 능력이 있어야 하고요.

편 내성적인 친구들도 이 직업을 가질 수 있을까요?

이 내성적인 친구들은 글로 하는 스토리텔링을 하면 되죠. 파워 블로거들을 만나보면 내성적인 사람들이 의외로 많아요. 수줍어서 말도 잘 안 해요. 그런데 그들의 글은 굉장한 흡인력이 있어요. 온라인에서 강점을 갖는 거죠. 만약 내성적인 성격이라면 블로그나 페이스북 등 글을 통해 소통할 채널을 가지면 돼요. 책이나 칼럼을 써도 좋고요. 내성적인 친구들은 자신의 글을 통해 멋진 스토리텔러가 될 수 있어요.

이 일을 하기 위해서 어떤 과정을 밟아야 할까요?

편   학생 중에는 이 직업을 갖고 싶어 하는 친구들이 많을 것 같아요. 이 일을 하기 위해서 어떤 과정을 밟아야 할까요?

이   기본은 미술에 관한 지식이죠. 그런데 미대에 가라는 이야기가 아니에요. 미술 관련 책이 워낙 많기 때문에 학교에서 굳이 안 배워도 돼요. 책을 통해서 공부해도 충분해요.

편   전공은 상관없는 거죠?

이   상관없어요. 미술을 전공하면 유리한 점이 있는 건 사실이지만 필수는 아니에요. 미술은 타 장르의 예술 분야에 비해서 진입 장벽이 낮은 편이에요. 나이 들어서도 할 수 있는 게 미술이거든요. 책을 통해서도 할 수 있죠. 그래서 백화점 문화센터, 공공기관에서 하는 성인 아카데미 교육 강좌에 미술이론 강좌들이 인기가 많아요. 사실 인문학은 나이가 들어서 배워야 더 와 닿거든요.

음악, 무용, 발레 등은 어릴 때 배우지 않으면 그 벽을 넘기가 힘들어요. 나이 들어서 아무리 노력해도 잘 안되죠. 그런데 미술은 이론이든 실기든 늦게 배워도 상관없어요.

컬러테라피가 지금 유행하죠. 얼마 전까지 컬러링 책이 베스트셀러 1위였어요. 외국도 마찬가지래요. 국가나 인종에 상관없이 누구나 색칠하고 싶은 욕망이 있어요. 그 욕망을 갖고 색칠만 할 게 아니라 창조하는데 투자한다면 누구나 다 예술가가 될 수 있어요. 미술은 10년만 깊이 파고들면 전문가 수준까지 도달할 수 있어요.

미술 분야의 파워블로거들 중에는 미술 전공자가 아닌 사람들이 더 많아요. 미술을 좋아해서 관련 책을 읽고, 정보를 끊임없이 찾고, 작품들을 찾아다니면서 감상하면 누구나 안목이 생겨요. 미대 다닌다고 해서 꼭 안목이 있는 건 아니에요.

편 책 읽고, 작품 찾아다니고, 정보 검색하면서 안목을 키워간다. 그다음에 중요한 건 뭐가 있을까요?

이 미술과 친해지는 거예요. 미술작품과 친해지는 건 친구와 친해지는 거랑 같아요. 사람을 처음 만나면 낯설어서 서로 어색하죠. 말 건네기 쉽지 않아요. 그런데 계속 만나 대화를 자주 나누다 보면 서로를 더 잘 알게 되고 결국 속내까지 알게 되는 가까운 사이가 되잖아요.

미술작품도 마찬가지예요. 자주 만나다 보면 사람처럼 친해지고, 궁금증도 생기게 돼요. 질문이 생기면 작품에 대한 정보도 찾고, 작가에 대해 검색하고, 다시 감상하러 가고. 그런 것들이 축적되면 그 분야의 전문가가 되는 거예요. 전문가가 별건가요. 특정 작가, 특정 작품에 대해서 누구보다 잘 알고 있으면 전문가인 거죠.

외국에서 공부해야 하나요?

편 꼭 외국에서 공부해야 하나요?

이 여행, 유학, 무엇이라도 좋아요. 미술 분야는 해외 경험이 있으면 유리해요. 인터넷으로 접하는 정보는 한계가 있어요. 특히 미술작품은 직접 보고 경험하지 않으면 진정으로 이해하는데 한계가 있죠.

제가 2005년에 낸 책이『21세기 유럽 현대미술관 기행』이에요. 미술책은 원래 잘 안 팔리거든요. 특히 '현대미술'이 들어간 제목의 책은 2천 부도 팔기 어려워요. 그런데 개정판까지 포함해서 총 만 부 이상 팔렸어요. 정말 많이 팔린 거죠. 해외의 새로운 미술관 정보에 대한 수요가 매우 많았다는 거예요. 당시만 해도 현대미술과 현대미술관을 집중적으로 소개한 책이 국내엔 전무했거든요.

유럽 현지에서 살면서 직접 가서 본 미술관과 미술작품에 관한 이야기를 썼기 때문에 제 글을 통해 독자들은 뉴스나 잡지에서 볼 수 없는 생생함을 간접 경험할 수 있었을 거예요. 어렵게 느껴지는 현대미술의 비하인드 스토리도 그 안에 많았죠. 그래서 공감대를 형성하고 좋은 반응을 얻었던 것 같아요.

만약 제가 유럽에서 살지 않았다면 유럽 현대미술관을 소개한 책도 내기 힘들었겠죠. 미술을 전공하겠다는 학생들에게는 "단 몇 달이라도 좋으니 외국에 나가서 직접 보고 경험해 보고 오라"고 말하고 싶어요.

미술은 글로벌한 분야예요. 국경이 없죠. 국내 작가만 알고 해외 작가를 모르면 안 돼요. 꼭 유학이 아니더라도 워킹홀리데이나 여행 등을 통해 시각도 넓히고 좋은 미술품도 많이 보고 오라고 말하고 싶어요.

편 유럽 이외에 아시아나 다른 지역에도 미술관이 많나요?

이 점점 많이 생기고 있어요. 중국만 해도 2021년 기준 5,700개가 넘는 뮤지엄을 이미 가지고 있고, 지금도 많은 미술관을 짓고 있어요. 특이한 게 그중 3,000개 이상이 다 국공립이라는 거죠. 관 주도로 뮤지엄들이 건립되고 있어요.

흥미로운 점은 중동 지역에 지금 새로운 미술관 건립 붐이 일고 있다는 거예요. 아부다비가 제일 대표적인 경우인데, 프랑크 게리, 자하 하디드 등 세계적인 건축 거장들이 설계한 뮤지엄들이 속속 지어지고 있어요. 프랑스 루브르 박물관의 첫 해외 분관인 루브르 아부다비가 2017년에 들어섰고, 구겐하임 아부다비 미술관도 2025년 개관 예정이에요. 중동의 오일머니가 아부다비를 새로운 미술의 도시로 만들고 있는 거죠.

뮤지엄스토리텔러가 되고 싶다면
무엇부터 시작할까요?

편 중국은 정말 뮤지엄 수도 많군요. 중국 미술관의 뮤지엄 스토리텔러가 되고 싶다면 무엇부터 시작할까요?

이 일단 중국어부터 해야 해요. 그다음 중국에서 잠깐이라도 살아야 해요. 최소 6개월 정도. 여행자가 되어 미술관을 방문하는 것과 내가 살면서 방문하는 건 완전히 다른 차원이에요.

편 모두가 유학을 가기는 힘들잖아요. 외국 여행을 떠난다면 무조건 많이 보고 오는 게 좋을까요?

이 여행의 트렌드가 바뀌고 있어요. 예전에는 많이 돌아다니는 여행을 했다면 지금은 한 달 동안 살아보기 같은 체류형 여행들이 유행이거든요. '눈도장 찍기'식의 관광 여행보다 그곳의 삶을 잠시나마 현지인들처럼 똑같이 경험하는 체험형 여행이 점점 더 주목받고 있어요.

여행지에서 한 달간 살면서 현지 시장도 가고, 뒷골목도 가고, 현지 사람들과 일상을 공유해 보는 거죠. 보통의 여행자들이 발견하지 못하는 나만의 스토리와 콘텐츠를 만드는 게 더 중요하다고 봐요. 가능하면 젊은 친구들일수록 외국에서 잠깐이라도 살아보는 게 좋다고 생각해요. 나를 다시 발견하는 인생의 귀중한 시간이 될 거예요.

편 여행을 통해 나만의 스토리와 콘텐츠를 만들 수도 있겠군요.

이 맞아요. 자기가 관심 있고, 좋아하는 분야를 정해 여행 콘텐츠를 짜는 거죠. 예를 들면 중국 음식에 관심 있는 사람은 중국의 음식 로드를 콘텐츠로 만드는 거예요. 중국 음식 기행을 하면서 직접 맛보고 테스트하면서 음식의 루트를 만들면 돼요.

맥주를 좋아하는 친구들은 유럽의 맥주 투어를 다닐 수도 있고요. 그런데 그것만으로는 안 돼요. 콘텐츠는 섬세해야죠. 예를 들면 유럽 수도원의 맥주 로드 같은 남들이 쉽게 접근하기 힘든 콘텐츠를 만드는 거예요.

더 좋은 건 맥주 공장에 인턴으로 들어가서 잠깐이라도 직접 배우고 경험해 보는 거죠. 생산과정을 알게 되면 이야깃거리가 더 생기잖아요. 그냥 돈 내고 마시는 건 누구나 할 수 있는데 내가 직접 만들어서 먹는 건 남이 못하는 특별한 경험이잖아요.

독일과 영국 중 어디가 더 좋으셨어요?

편　선생님은 독일과 영국에서 유학하셨는데, 어디가 더 좋으셨어요?

이　현대미술을 공부하기는 영국이 더 좋았어요. 2000년대 이후 런던은 현대미술의 새로운 성지가 되었어요. 데이미언 허스트 Damien Hirst 와 같은 미술 역사에 남을 작가와 그들의 작품을 제일 먼저 볼 수 있고, 그들과 함께 숨 쉴 수 있어요.

영국 유학의 장점은 학제가 짧은 거죠. 대학은 3년, 대학원은 1년밖에 안 돼요. 물론 2년제도 있긴 하지만. 빨리빨리 공부하고 싶으면 영국이 좋아요. 그런데 방학이 거의 없고 1년이 3학기라 굉장히 바빠요. 학비도 비싸죠.

독일 유학의 장점은 학비가 없고, 학업에 여유가 있다는 거예요. 돈이 없고 자발적으로 공부하는 걸 좋아하는 학생이라면 독일이 나아요. 일주일에 이틀만 학교에 가도 돼요. 모든 게 본인 선택이죠.

독일이 사회복지도 잘되어 있고 영국보다 물가도 싸니까 살기는 좋았어요. 하지만 영국의 빡빡한 시스템이 저한테는 더 맞았던 것 같아요. 독일은 게을러지기 쉬워서 자기관리가 철

저해야 해요. 유학 기간도 굉장히 길어지죠. 지금은 독일의 학제도 미국식으로 많이 변해서 짧아졌고, 무료라는 매력 때문에 미국 학생들이 유학을 많이 온다고 하더라고요.

이 직업의 전망은 어떻게 보세요?

편 뮤지엄스토리텔러라는 직업의 전망은 어떻게 보세요?

이 문화는 21세기의 중요한 키워드예요. 모든 나라들이 정책적으로 문화 인프라 구축에 힘쓰고 있어요. 그 중심부에 뮤지엄 건립이 있고요. 사람들은 속도의 시대를 살면서 스트레스를 더 많이 받고 외로워질 거예요. 치유와 돌파구가 필요해요. 미술과 여행이 결합한 문화의 수요가 계속 늘어날 거로 생각합니다. 자연미술관을 테마로 쓴 제 책이 여행 루트의 참고서가 된다는 건 바로 그러한 열망을 반영한다고 생각해요.

앞서 얘기했듯, 전 지구적으로 뮤지엄 건립 붐이 일고 있어요. 점점 더 많은 뮤지엄이 생겨날 거예요. 수많은 정보의 홍수 속에서 꼭 필요한 곳만 골라 테마별로 나누어 속속들이 알려주는 뮤지엄스토리텔러의 시대가 곧 온다고 확신해요.

해석하는 능력을 어떻게 키워가야 할까요?

편 뮤지엄스토리텔러를 하려면 작품이나 미술관에 대해 정확히 그리고 재미있게 해석해야 하는데 그 능력을 어떻게 키워가야 할까요?

이 자꾸 봐야 해요. 우리가 영어를 잘하려면 계속 반복하고 일상에서 자주 써야 하잖아요. 예술도 마찬가지예요. 어쩌다 한 번 보는 게 아니라 일상에서 자주 접해야 해요. 그래야 안목이 높아져요.

요즘 미술관들은 유아부터 성인까지의 교육 프로그램을 얼마나 잘해놨는지 몰라요. 대부분 비용도 저렴해요. 어릴 때부터 미술관을 놀이터처럼 자주 놀러 가야 해요. 1년에 한 번씩 가면 미술과 친해지기 어려워요.

미술은 우리 일상에도 있어요. 스마트폰은 디자인이 예뻐야 사죠? 디자인이 안 예쁘면 사지 않죠. 우리가 컵 하나를 사더라도 디자인을 보잖아요. 일상의 모든 것이 미술과 연관되어 있어서 일상에서 그런 것들을 발견하는 연습도 많이 하는 게 좋아요.

미술관은 어떻게 선택해요? 국공립미술관이 좋을까요?

가까운 곳이 좋아요. 멀지 않아야 자주 갈 수 있으니까 동네 미술관부터 가세요. 그리고 좋은 전시가 있는 곳들을 찾아다니는 거죠. 좋은 전시회는 비용이 들더라도 투자라는 생각으로 가면 좋죠.

편 미술에 대한 전문 지식이 없어도 미술 전시를 잘 관람할 수 있나요?

이 처음 갈 때는 정보 없이 둘러보세요. 두 번째 갈 때는 공부를 조금 하고 가세요. 느낌이 달라요. 아는 만큼 느낄 수 있다는 말도 틀리지 않아요. 미술관 홈페이지를 보면 전시나 작품에 대한 기본적인 설명이 있어요. 이런 기본적인 정보만 알고 가도 전시를 이해하는 데 훨씬 도움이 되죠.

요즘 미술관은 교육 기능을 강화하고 있어서 정보가 매우 많아요. 리플릿이나 전시 도록도 만들고요. 어떤 경우는 전시와 작가, 작품에 대한 정보를 미술관 벽면에 깨알 같은 글씨로 써놓기도 해요. 큐레이터들이 밤을 새워서 쓴 문장들이죠. 그밖에 오디오 가이드나 증강현실 기술을 도입한 스마트한 전시 가이드도 많아요. 전시장에서 기억에 남는 작품이 있다면 집에 와서 작품과 작가에 대한 정보를 더 찾아볼 수도 있겠죠.

정보는 많은데 관심이 부족할 뿐인 거죠. 미술 정보들은 관심을 가질 때만 눈에 보이기 시작해요.

타인과의 소통을
힘들어하는 친구들도 많아요.

뮤지엄스토리텔러는 사람들과 소통하는 직업이잖아요. 타인과의 소통을 힘들어하는 친구들도 많은 것 같아요.

다른 사람들과의 소통에서 가장 중요한 건 내가 하고 싶은 이야기를 하는 게 아니라 남들이 듣고 싶어 하는 이야기를 하는 거예요. 일기는 내가 하고 싶고, 쓰고 싶은 이야기를 적는 거지만, 책은 남들이 알고 싶어 하고 궁금해하는 것을 써야 해요.

대학생들한테 항상 이야기하는 게 있어요. 프로젝트 발표 할 때 자신이 하고 싶은 이야기를 하지 말고 다른 학생들이 어떤 것을 궁금해할 것인가를 먼저 생각해 보라고요.

스토리텔링을 하려면 건축가가 설계도를 그리듯이 이야기의 설계도를 먼저 그려야 해요. 설계도가 탄탄하면 설득력 있는 강연이나 글이 되죠. 설계도를 그리지 않고 이야기하면 듣는 사람들은 갈피를 못 잡아요. 전달력도 떨어지고요.

글 쓰는 연습을 따로 하나요?

편 글 쓰는 연습을 따로 하나요?

이 따로 연습하지는 않아요. 써야 할 일이 있을 때만 써요. 그런데 평소에 항상 생각해요. '다음에는 무슨 이야기를 쓸까?' '어떤 식으로 시작해 어떻게 전달할까?' 아이디어가 떠오를 때마다 메모는 해요.

편 그렇게 떠오른 생각과 메모는 어떤 과정을 거쳐 전문적인 글이 되나요?

이 이야기의 주제와 내용, 글의 구조, 즉 설계도를 머릿속으로 계속 구상해요. 그건 미술작품도 마찬가지예요. 저는 구상하는 시간이 오래 걸려요. 구상을 어느 정도 한 다음에는 정보 리서치를 해요. 리서치는 습관이 되어야 해요. 정보의 양이 많아지면 어떤 식으로 정리할까? 어떤 이야기를 먼저 할까? 어떤 이야기를 더 키울까? 어떤 이야기를 뺄까? 하는 고민과 판단이 생겨요. 일단 정보의 양을 축적해 놓고 다시 생각을 하는 거죠. 그다음에 본격적으로 글을 써요.

편 새로운 것에 대해 호기심을 가져야만 콘텐츠를 만들 수 있다고 하셨잖아요. 그런데 학생들이 공부하고, 시험 보고, 학원까지 다녀요. 호기심을 만들고 유지하는 게 어렵지 않을까요?

이 본인이 관심 있는 분야는 저절로 호기심이 생겨요. 그러니까 자기가 좋아하는 게 무엇인지 먼저 알아야 해요. 좋아하는 일을 위해서 밤을 새우고 정보를 찾는 건 신나는 일이지만 싫어하는 걸 억지로 하면 금세 졸릴 거예요. 저도 싫은 일은 절대 못 하는 성격이에요.

자신의 소질을 아는 것도
어려운 일인 것 같아요.

편 자신이 좋아하는 게 뭔지, 무엇에 소질이 있는지 알아내는 것 자체가 어려운 일인 것 같아요.

이 쉽지 않기 때문에 다양한 경험을 해보라는 거예요. 저도 대학 다닐 때 온갖 아르바이트를 다 했어요. 주유소, 건설회사, 옷 가게 세일즈, 미술 과외 등. 이런 경험을 통해 제가 비즈니스에 맞지 않다는 걸 알게 되었어요. 대신 가르치는 일에 소질이 있다는 걸 알았죠.

대학원 다니면서도 생계형으로 미술 과외와 잡지사 원고들을 썼어요. 제가 글을 쓰거나 가르칠 때 독자들, 또는 제자들의 반응이 좋더라고요. 그래서 이 길이 나에게 맞는다는 걸 깨달았죠.

그래서 귀국 후 줄곧 대학 강단에 서게 된 거고, 책을 내고 전국 강연을 다니게 되었어요. 다행히 소질 있는 일이 좋아하는 일이고 좋아하는 일이 직업으로 이어져 이렇게 밥벌이까지 해주니 감사할 일인 거죠.

그런데 자신이 좋아하는 일이 뭔지, 잘하는 게 뭔지는 아무도 가르쳐 주지 않아요. 아무것도 시도하지 않으면 나 자신도 영원히 모를 수 있어요. 한 번도 안 해본 새로운 일을 끊임없이 시도해 보고 도전해 보는 게 중요해요. 실패도 해보고요. 뭐든 해 봐야 소질이 있는지 없는지 알 수 있는 거니까요.

선생님은 자신의 소질을
어떻게 발견했나요?

편 선생님은 미술을 좋아하고 소질 있다는 걸 어떻게 아셨어요?

이 어릴 때부터 미술은 제게 놀이였어요. 그리고 그림이 나의 유일한 소통 창구였죠. 사실 부모님은 제가 의사가 되기를 원하셨어요. 그런데 저는 의사라는 직업이 행복해 보이지 않았어요. 학창 시절, '어떤 직업을 가져야 가장 행복할까?'라는 고민을 오래 했어요. 그림을 그릴 때 가장 행복했고, 미술가가 되거나 미술과 관련된 일을 해야겠다는 확신이 들었어요. 그래서 미대에 진학했고 계속 미술에 관한 공부를 해왔던 거예요.

편 자기 소질을 알아야 하고, 그걸 알았다면 그 분야에서 최고가 되기 위해 노력해야 하는 거죠? 선생님은 자신의 한계에 늘 도전하는 분인 것 같아요.

이 한 분야에서 최고가 되기 위해 가장 중요한 건 열린 마음으로 끊임없이 다양한 공부를 해야 한다는 거예요. 자신의 한계를 쉽게 인정하지도 말고, 그 한계를 극복하기 위해 노력도 많이 해야 해요.

영국에서 소더비 대학원을 다닐 때 제가 우리 과에서 영어를 제일 못했어요. 20명 중에서 유일한 한국인이었죠. 대부분이 미국과 영국인이었고, 일부가 유럽 친구들이었으니 당연한 거죠. 그런데 졸업 논문 점수는 제가 제일 좋았어요. 최고 학점을 받았죠. 과 동기들보다 쓰는 시간이 몇 배 더 걸려서 그렇지, 논문의 콘텐츠가 명확했어요. 한국어도 그렇지만 영어로 글을 쓸 때 저는 애매한 표현은 아예 쓰지 않아요. 무슨 말인지 모를까 봐 정확한 표현만 썼죠. 그랬더니 지도교수님께서 영국 학생들보다 더 잘 썼다고 칭찬해 주셨어요.

그 교수님의 추천으로 몇 년 후 영국의 대형 출판사로부터 책 제안도 받게 되었고요. 원어민이 아닌 제게 영어로 된 미술 전문 서적을 써달라니 저도 놀랍더라고요. 콘텐츠만 명확하면 언어의 장벽도 다 뛰어넘을 수 있는 것 같아요. 덕분에 영국에서 출간도 하게 되었고, 몇 년 전까진 대학에서 영어 강의도 했죠. '내가 어떻게 영어로 강의하고 책을 써?'라고 지레 겁먹고 거절했더라면 전 아직도 영어를 불편한 존재로 여겼겠죠. 그래도 한국어로 강의하고 글 쓰는 게 훨씬 편해요.

최근에 새롭게 도전하는 분야가 있나요?

[편] 한계를 극복하기 위해 노력하다 보면 새로운 분야에 도전하게 된다는 거죠? 선생님이 최근 새롭게 도전하는 분야가 있나요?

[이] 네. 맞아요. 한 분야의 최고가 되었다고 자만하면 안 되고, 끊임없이 새로운 분야를 개척하고 공부해야 더 큰 발전을 해요. 제가 운영하는 연구소가 있는데 이름이 융합미술연구소 크로싱CROSSING이에요. '교차하다'는 뜻이죠. '미술과 다른 분야와의 융합을 통한 새로운 가치 창출'이 모토예요. 융합미술연구소라고 하니까 칼럼이나 평론, 강연, 자문 등의 주제가 다양하게 들어와요.

어떤 회사는 사보에 패션 관련된 칼럼을 써 달래요. 며칠 동안 밤새며 열심히 논문과 자료 찾아 공부했어요. 근현대 복식사 100년을 연구해서 미술 속의 패션 이야기를 썼죠. 패션은 제 전문이 아니라고 거절할 수도 있었지만, 이 기회에 패션 공부를 해볼까 하는 마음으로 승낙했던 거죠.

미술과 음악에 관한 주제로 강의 요청이 들어오면 '이참에 클래식 공부 한 번 해보지 뭐.' 이렇게 생각해요. 다른 분야에도 무한한 흥미를 느끼거든요.

한 번은 라디오 강연 요청이 왔는데, 경제 전문 프로그램이었어요. 경매와 미술시장 이야기는 미술과 돈, 경제에 대한 이야기잖아요. 그래서 '미술 투자의 새로운 패러다임'을 주제로 강연을 잘 마쳤고요.

얼마 전엔 가상현실을 주제로 한 미술 전시의 리뷰를 써달라는 의뢰가 들어왔는데, 마침 제가 2년 전부터 가상현실, 증강현실에 관심을 두고 공부했던 게 있어서 어렵지 않게 전시 리뷰를 쓸 수 있었어요.

요즘에는 미술 관련 영화 리뷰 청탁도 들어와요. 사실 평소에 영화를 잘 보지 못하는데 그 원고 덕에 3일 밤새며 다큐멘터리 미술 영화와 최근 영화 정보에 대해 열심히 공부했어요. 잡지사에서 제 원고가 만족스러웠는지 앞으로도 계속 영화 관련 글을 써달라고 하더라고요.

어떤 지방 도서관의 경우는『숲으로 간 미술관』의 저자니까 생태학에 대해서 강의해 달라는 거예요. 미술가가 이야기하는 생태학을 듣고 싶대요. 열심히 공부해서 강의를 해볼까 생각 중이에요.

뮤지엄스토리텔러가 되기 위해 공부를 할 때, 그리고 어떤 일을 하든지 자신의 역량에 한계를 두지 말고 끊임없이 노력하고 공부하면 좋겠어요.

창의성은 어떻게 훈련해야 할까요?

편 창의성은 어떻게 훈련해야 할까요?

이 일상의 모든 것은 다양한 경험의 대상이에요. 똑같은 일상이라도 남들과 다르게 바라보는 연습이 필요해요. 예를 들면, 우리는 아파트가 1층 위에 2층, 그 위에 3층이 있는 게 당연하다고 생각해요. 그런데 창의적인 사람들은 이렇게 생각해요.

'왜 1.5층은 없을까?', '왜 2.5층은 없지?'

일상을 다르게 보는 거죠. 그런 마인드가 필요해요.

제가 독일에서 유학할 때 실제로 2.5층에 산 적이 있어요. 1970년대 지어진 복도식 아파트였는데, 엘리베이터를 타고 2층에 내리면 201호, 202호, 203호… 이렇게 기숙사처럼 집들이 일렬로 서있는 구조였죠. 그런데 201호는 문을 열고 계단을 반 층 내려가야 하고, 202호는 2층에 그리고 203호는 계단을 반 층 올라가는 구조였어요. 같은 층에 있는 집인데 지그재그로 위치해 있는 거죠. 왜 그렇게 지었을까요?

층간 소음 때문이었어요. 1970년대에 지어진 오래된 아파트인데도 소음 문제가 다 해결되는 거예요. 우리나라는 아파트

층간 소음 때문에 살인까지 나잖아요.

그런데 독일은 이미 1970년대에 일반 서민주택을 지그재그로 지어서 2.5층, 3.5층의 개념을 도입했죠. 제가 그 집에 사는 동안 옆집 소음을 들어본 적이 없어요.

다양한 경험과 함께 일상을 다르게 바라보는 개성 있는 시각이 필요해요. 그것들이 축적되면 어느 순간 통찰력이 생기거든요. 그렇게 생긴 통찰력으로 새로운 트렌드를 읽고 자기만의 콘텐츠를 만들 수 있어요. 그 콘텐츠를 실현할 수 있는 부지런함도 필요해요. 콘텐츠가 머릿속에만 있다면 그건 공상에 불과하니까요. 자신의 콘텐츠를 실현해 내는 적극적인 태도가 더 중요하죠.

뮤지엄
스토리텔러가
되면

속닥속닥, 귓속말

새로운 콘텐츠를 끊임없이 개발해야 하나요?

편 뮤지엄스토리텔러는 새로운 콘텐츠를 끊임없이 개발해야 하나요?

이 네. 그건 어떤 분야나 마찬가지죠. 변화, 발전하지 않으면 도태되니까요. 저는 현대미술이나 미술관과 관련된 새로운 콘텐츠를 만들고 있지만 이 책을 읽는 학생들은 어떤 분야든 자신만의 콘텐츠를 부지런히 만들면 좋겠어요. 그 과정에 저의 발자취가 도움이 되었으면 좋겠어요.

제가 대학에서 가르치는 과목 중에 〈유럽문화기행〉이란 강의가 있어요. 매 학기 학생들에게 내주는 과제가 있는데, 바로 자신만의 특별한 여행 루트를 만드는 거예요. 어떤 여행이든 콘셉트가 있어야 해요. 남들이 다 가는 명소 위주의 뻔한 루트가 아니라 나만의 특별한 테마를 만들어서 여행 루트를 짜라는 거죠.

이 과제를 통해 학생들은 실제로 유럽 여행을 가지 않더라도 새로운 콘텐츠를 만드는 연습을 하게 돼요. 저는 학생들이 평소에도 그런 연습을 많이 했으면 좋겠어요.

수입은 어느 정도 되나요?

편 직업을 선택할 때 수입도 중요하지 않나요? 뮤지엄스토리텔러로 활동하면 생계는 유지되나요?

이 지금 제 나이와 스펙으로 대기업에서 일하고 있었다면 훨씬 많은 연봉을 받을 거예요. 하지만 많은 연봉을 받기 위해서는 그만큼의 희생도 필요하죠. 대기업에 다니는 제 후배들 중엔 휴일도 없이 사는 경우도 많더라고요.

20대부터 제가 갖고 있는 직업 철학이 있어요. '생계를 위해 주 3일만 일하자'예요. 나머지는 내가 하고 싶은 공부를 하거나 여행을 가기로 했죠. 현재 주 수입이 강의이기 때문에 특별한 경우를 제외하면 주 3일만 강의를 해요. 더 벌기 위해서는 더 많이 일해야 하는데, 전 물질적인 부자보다 시간 부자를 선택한 거죠.

다들 비정규직을 기피하고 정규직을 선호하지만 전 자발적인 비정규직이에요. 풀타임으로 얽매이는 것보다 조금 덜 벌더라도 삶의 여유를 갖는 게 더 낫다고 판단한 거죠. 프리랜서로 살면서 주 3일만 일하고 자유를 만끽하면서 사는 지금이 행복해요.

구체적인 수입도 궁금합니다.

정규 강의는 대학 강의가 이틀, 문화센터 강의가 하루, 이렇게 주 3일이에요. 시간으로 따지면 주 여덟 시간에서 아홉 시간 정도예요. 한 달에 200만 원 정도가 고정 수입이에요. 예전에는 대학 강의를 많이 했었는데 지금은 다 줄였어요.

제 경우는 사실 부수입이 더 커요. 전국의 미술관, 기업체, 도서관 등에서 이루어지는 특강료, 그리고 여러 매체에 쓰는 칼럼이나 전시 평론의 원고료, 책 출간에서 나오는 인세 수입 등이 있어요.

가장 큰 수입원이기도 한 특강료는 회당 40만 원에서 수백만 원까지 해요. 의뢰 기관의 성격에 따라 강의료가 달라지는 거죠. 칼럼은 A4 두 페이지 기준으로 30~50만 원 정도 받고, 평론은 40~100만 원 정도 받아요. 인세는 책값의 10% 정도를 저자가 가져가는 거고요. 이 밖에 여러 기관의 심사위원, 자문위원 등으로 활동하며 받는 회의 참석비, 방송 출연에서 오는 출연료 등도 있고요.

물론 일이 몰릴 때는 주 7일 하루 24시간이 모자랄 정도로 바쁠 때도 있긴 해요. 말씀드렸듯, 생계를 위한 일이 아니라 제가 좋아서 선택한 일들이라 며칠 밤을 새워도 그 일들을 기꺼이 다 해내는 거예요. 방학 때는 좀 여유로운 편이라 가족과 함께 유럽 여행을 하며 보낼 때가 많아요.

지금은 제가 책도 많이 내고 해서 인지도가 있어 일도 많이 들어오고 수입도 나쁘진 않지만, 처음에는 월 150만 원도 못 벌 때도 많았어요.

그때도 돈 때문에 일을 더 하지는 않았어요. 자발적인 가난을 선택했죠. 돈 때문에 하기 싫은 일을 억지로 하는 것보다 적게 벌더라도 좋아하는 일을 하고 싶었거든요. 가끔 대기업 다니는 후배들이 직장 상사나 일 때문에 힘들어할 때, 돈을 포기하면 자유가 온다고 얘기해 줘요. 그런데 대부분의 경우 돈을 포기하진 않더라고요. 포기할 수 없다면 힘들어도 참고 인내해야죠.

저 같은 경우는 살아갈 수 있는 최소한의 돈만 있으면 돼요. 덜 먹고 덜 쓰면 돼요. 삶을 구성하는 물질의 규모를 줄여서 사는 거죠. 소유에 욕심내기 시작하면 그걸 충족하기 위해서 내 자신을 혹사해야 하잖아요. 전 저 자신을 사랑하기에 혹사하고 싶지 않아요.

책을 써서 출간하면 어떤 도움이 되나요?

편 책을 써서 출간하면 어떤 도움이 되나요?

이 책은 내가 그 분야의 전문가라는 것을 알리는 일종의 증거품 같은 거예요. 처음 귀국했을 때, 전 이 분야의 인맥, 학맥 아무것도 없었어요. 그런데 책을 내고 나니까 여기저기서 강의 청탁, 원고 의뢰, 방송 출연, 자문 요청 등이 들어오더라고요. 무슨 일이든 인맥이나 학맥으로 버티는 건 한계가 있어요. 책을 통해 내가 가진 정보와 지식, 생각을 계속 알려 나가니까 만나는 사람들의 범위도 점점 넓어지더라고요. 관계의 폭이 넓어지다 보니 예상치 못한 재밌고 다양한 일들도 계속 들어오고요.

지금은 누구나 저자가 될 수 있는 시대잖아요. 한 분야에 대한 글을 쓰기 위해서는 그 분야의 전문가가 되어야 해요. 그러기 위해서 그 분야의 정점에 도달할 때까지 공부하고 노력해야죠. 2년, 5년, 10년이 걸리더라도 끈기를 갖고 파고들어야 해요.

뮤지엄 스토리텔링으로 할 수 있는 일은
또 어떤 게 있을까요?

편 뮤지엄 스토리텔링으로 할 수 있는 일은 또 어떤 게 있을까요?

이 그동안 제 분야만 글을 쓰고 강의했는데 이제는 시각예술 전 분야로 확장하고 있어요.

미술관 설립이나 운영, 전시에 관한 자문뿐 아니라 인테리어 컨설팅 의뢰가 들어오기도 해요. 얼마 전, 지인이 카페를 오픈하는데 제게 인테리어와 작품 디스플레이를 요청했죠. '미술관 같은 카페'가 좋겠다는 생각이 들었어요. 인테리어도 콘셉트가 중요하니까. 뮤지엄을 시각적으로 스토리텔링해서 미술관 같은 카페로 만들고자 했죠. 사실 이 작업은 처음이에요.

그런데 생각해 보니까 유럽을 다니면서 제가 뮤지엄 사진을 많이 찍었더라고요. 20년간 유럽에서 찍은 사진 중 괜찮은 것들을 골라서 전시했죠.

이제는 뮤지엄 스토리텔링이 말과 글을 넘어 시각예술 전 분야까지 확장되고 있어요. 새로운 개념의 스토리텔링이죠. 제가 원래 미술작가였기 때문에 가능한 일이기도 했고요. 지금도 작품 활동은 계속하고 있어요. 올해도 개인전과 그룹전 등의 일정이 잡혀 있고요.

딸이 뮤지엄스토리텔러가 되겠다고 하면
밀어주실 건가요?

편 딸이 뮤지엄스토리텔러가 되겠다고 하면 밀어주실 건가요?

이 당연하죠. 일과 놀이와 공부가 일치되는 행복한 일인걸요. 정년도 없고요. 지금도 미술관 다닐 때 늘 딸을 데리고 다녀요. 모녀가 함께 뮤지엄스토리텔러가 된다면 저 역시 너무 좋을 것 같아요. 좋아하는 사람과 늘 미술관 데이트를 하는 거니까요.

제 딸이 초등학교 때까지만 해도 꿈이 화가였어요. 1학년 때 교내 과학 미술대회에서 1등을 한 적이 있어요. 미래과학이 주제였는데, 대부분의 아이들은 우주를 그렸더라고요. 그런데 제 딸은 지하 세계를 그렸어요. 미래는 환경이 오염돼서 사람들이 지하에서 살아야 한대요. 지하 세계를 표현하다 보니 제 딸만 세로 그림을 그렸더라고요. 모두가 가로 그림을 그릴 때 혼자서 세로로 그렸으니 튀기도 했을 거고요. 아마도 학교 선생님들도 이런 발상이 창의적이라 생각하고 상을 주신 것 같아요. 우주 그림이 지겹기도 했을 거고요.

사실 딸이 그린 지하 세계가 그냥 나온 건 아니에요. 미술대회 며칠 전부터 선생님께서 집에서 생각해오기 숙제를 내주셨어요. 다른 엄마들은 무조건 그림 그리기를 연습시킨 것 같았어요. 미래 과학이니 우주가 가장 만만했을 거고요. 그건 엄마들이 생각하는 미래의 모습인 거죠. 저도 어렸을 때 우주 그림을 많이 그렸던 기억이 나니까요.

전 딸에게 그림을 미리 그려보라고 하진 않았어요. 대신 유엔미래보고서와 해외 과학 저널을 뒤져 미래 과학 관련 사진을 수집한 후 PPT 자료로 만들어서 보여줬어요. 미래 학자들이 예상하는 100년 후의 모습이었죠. 드론으로 이사하는 것부터 세계 곳곳에서 지어지고 있는 최고층 빌딩과 지하 빌딩들의 모습까지. 이렇게 열 개의 사진을 보여주고 이야기를 나누었죠. 간접경험에 의해서 상상을 하고 그림에 응용시킨 거죠. 늘 하는 얘기지만 창의력은 그냥 나오지 않아요. 직·간접경험을 많이 해야 해요.

아이가 좋아하는 일을 직업으로 갖는다면 최선을 다해서 격려하고 밀어줄 생각입니다.

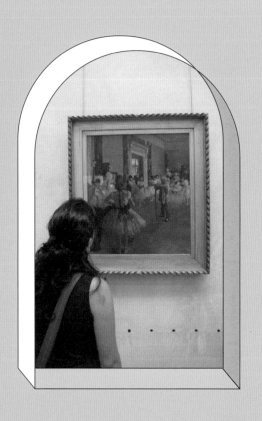

뮤지엄스토리텔러의
스토리텔링
Storytelling

뮤지엄 스토리텔링 1

유럽의 숨은 진주,

홈브로이히 박물관 섬^{Museum Insel Hombroich}, *노이스*^{Neuss}, *독일*

'미술과 건축, 자연의 조화'를 모토로 설립된 독일의 홈브로이히 박물관 섬을 미술 감상과 더불어 산책과 명상, 웰빙 식사까지 가능한 세상에서 하나밖에 없는 특별한 미술관으로 스토리텔링했다.

홈브로이히 박물관 섬 전경

라인강의 기적을 일으켰던 독일의 서쪽 루르 지역에 가면 노이스라는 아주 작은 도시가 있다. 지도에도 잘 표시가 되지 않을 정도로 작은 이 도시에는 우리의 상상을 초월하는 아주 특별한 미술관이 자리 잡고 있다.

홈브로이히 박물관 섬(이하 홈브로이히)이라 불리는 이 미술관은 독일인들에게 조차도 잘 알려지지 않은 숨은 미술관이지만 전문가들 사이에선 최고로 손꼽힌다. 이곳이 특별한 이유는 빌바오 미술관처럼 최첨단으로 무장한 멋들어진 건축물이 있어서도 아니고 뉴욕 현대 미술관처럼 컬렉션이 대단해서도 아니다.

단지 이곳은 대도시에 있는 대형 미술관에서는 결코 발견할 수 없는 그 무엇이 있기 때문이다. 섬처럼 강으로 둘러싸인 넓고 푸른 초원 위에 띄엄띄엄 들어선 조각품 같은 미술관 건물들을 천천히 걸으면서 자연 속에서 미술과 조용한 대화를 나눌 수 있는 곳이다. 직접 가보지 않고서는 결코 그 진가를 알 수 없는 특별한 추억과 경험을 제공하는 바로 그런 곳이다.

2004년 미국 미술 전문지 〈아트뉴스〉가 '세계의 숨겨진 미술관 톱 10'을 발표하면서 홈브로이히를 '유럽의 숨은 진주' 같은 미술관이라며 극찬을 아끼지 않았던 이유도 바로 여기에 있다.

몇 해 전, 독일 지역 미술관 취재 길에 마지막 일정을 무조건 홈브로이히로 잡았다. 이미 두 번째 방문인데도 미술관을 찾아가는 길은 왠지 긴장되고 설렜다. 도르트문트 시내를 관통하던 차는 10여 분 만에 도시를 벗어나 한적한 시골길로 접어들었고 '노이스'라는 이정표를 보자마자 반가운 마음에 나도 모르게 콧노래가 흘러나왔다. 하루빨리 홈브로이히 섬을 다시 보고 싶었고 그동안 얼마나 변했는지 사뭇 기대도 되었다. 이렇게 한 번 다녀갔던 미술관을 다시 방문한다는 것은 마치 옛 친구 집을 다시 방문할 때와 비슷한 설렘과 호기심을 유발한다.

미술관 근처에 다다르자 카메라를 냉큼 챙겨 든 후 곧바로 매표소 건물로 신나게 뛰다시피 들어갔다. 서점을 겸하고 있는 작은 매표소 건물은 빨강과 검은색의 심플하면서도 세련된 가구들로 꾸며져 있다. 독일 출신의 건축가이자 조각가인 올리버 크루제Oliver Kruse가 디자인한 것들이다. 매표소 건물을 통과하면서부터 아주 특별한 홈브로이히 기행의 여정이 시작된다.

운이 좋았던지 유난히 쾌청하고 맑은 날씨다. 천천히 자연을 음미하면서 산책하듯이 걷다 보면 저절로 마주치는 작은 건물들이 바로 전시장들이다. 섬 전체에 걸쳐 적당한 간격을 유지

하며 얌전히 서 있는 각각의 독립된 갤러리들은 건축물이라기보다 차라리 그 자체가 미니멀한 조각품 같은 인상을 준다. 실제로 이곳에 있는 총 열다섯 개의 건물 중 열한 채가 독일 조각가 에르빈 헤리히 Erwin Heerich가 디자인한 것이다. 그는 자신의 조각 작품들을 사람이 걸어 들어갈 수 있는 만큼 크게 확대해서 이곳에 설치해놓았다고 한다. 그러고 보니 조각품이 커져 사람이 들어갈 수 있으면 건축이 되는 것이 아닌가. 조각가, 건축가로 굳이 분류하는 습관이 오히려 편견일지도 모른다는 생각이 들었다.

입구 건물에서부터 출발해 5분쯤 걸으면 만나는 첫 건물이 '탑'이라는 이름의 갤러리다. 투박한 탑처럼 생긴 붉은 벽돌 건물인데 내부는 군더더기 하나 없이 정갈하고 깔끔한 흰색이다. 갤러리 내부엔 아무것도 없었다. 텅 빈 공간 속에 천장 유리창으로 들어오는 따뜻한 햇살만이 조용히 비치고 있을 뿐이었다. 이곳은 내가 맘대로 정한 '마음을 비우는 장소'다. 마음뿐만 아니라 모든 미술사적 지식이나 미술에 대한 편견도 머릿속에서 완전히 비우는 곳이다. 그래야만 이곳에서 진정한 미술 감상을 할 수 있다. 그 이유는 컬렉션들이 전시되어 있는 다른 건물들에서 자연스레 알 수 있다.

탑 갤러리를 빠져나와 산책로를 따라 걸으면 나무 울타리에

숨겨진 꽤 큰 규모의 건물이 나온다. '미로'라는 이름이 붙은 이 건물은 홈브로이히의 주요 소장품이 전시되어 있는 갤러리다. 밝은 자연 채광으로 채워진 전시장 내부엔 쿠어트 슈비터스, 한스 아르프, 그라우브너 등 잘 알려진 유럽 출신 작가들의 현대회화 작품들이 고대 크메르나 페르시아 또는 중국의 옛 조각품들과 한 공간에 나란히 전시되어 있다.

이곳을 처음 방문한 사람들은 작품 주변의 벽을 이리저리 뒤진다. 미술관이라면 당연히 있어야 할 작품 명제표를 찾기 위해서다. 누구의 작품이며 제목이 뭔지를 확인해야 하니까. 하지만 이곳엔 어떠한 전시 관련 설명서나 작품 명제표가 없다. 나 역시 처음 이곳을 찾았을 때는 작품 명제표가 없어서 적잖이 당황했었다. 대부분의 미술관은 교육적 목적을 중요시해 전시된 미술품보다 그에 대한 해설문이 더 크고 장황할 때가 많다. 작품을 이해하는 데 있어서 친절한 가이드처럼 여겨질 때도 있지만 가끔은 그런 일방적인 작품 해설이 눈과 마음으로 하는 진정한 작품 감상을 방해하는 것도 사실이다.

그런데 이곳은 동양미술과 서양미술, 고미술과 현대미술이 어떠한 설명도 없이 한 공간에 동시에 놓여있어 시대나 문화적 배경에 대한 편견이나 구분 없이 그저 자연 속에서 작품 자체를 즐기고 감상하도록 유도하고 있다. 게다가 전시장 내부를 지키는 안내요원이나 지킴이는 물론 CCTV도 없어 아무런 제약 없이 정말 맘 편하게 작품을 감상할 수 있고 원하면 사진도 실컷 찍을 수 있다. 다른 미술관에서는 결코 상상할 수 없는 관람자의 자유와 권리를 이곳에서는 맘껏 누리고 행사할 수 있는 것이다.

그렇다고 이곳에 전시된 소장품들이 결코 방치해도 좋을 만큼 싸구려이거나 미술관 측이 소장품 관리에 소홀해서 그런 것은 절대 아니다. 렘브란트 판레인을 비롯해 구스타프 클림트, 폴 세잔, 이브 클랭, 엘스워스 켈리, 알렉산더 칼더 등 서양 미술사를 장식한 유명 화가들의 작품에서부터 중국, 아프리카, 멕시코, 고대 크메르 조각까지 시대와 역사, 국적을 초월하는 중요한 미술작품들을 미술관 곳곳에서 만날 수 있다. 비슷하지만 각각 개성을 살린 갤러리 건물들은 저마다의 이름이 붙어있다.

노베르트 타데우츠의 대형 회화를 전시하는 '타데우츠'에서부터 헤리히의 미니멀한 조각 작품이 놓여 있는 '호에 갤러리', 주요 소장품이 걸려있는 '열두 개의 방이 있는 집', 아나톨 헤르츠 펠트의 작품이 전시된 '아나톨스 하우스', 고트하르트 그라우브너의 아틀리에이자 전시장으로 쓰이는 '그라우브너 파빌리온', 고대 크메르 조각들이 전시된 '오랑제리', 미로 형태의 대형 전시장인 '미로', 달팽이 모양으로 생긴 전시장인 '달팽이' 등 갤러리의 형태나 기능에 따라 작가 이름을 붙이기도 하고 각각 재미있고도 인상적인 이름들을 붙여 놓았다.

초원 속에 흩어진 전시장을 찾아 산책로를 따라 걷다 보면 예쁜 정원이나 연못, 소박한 나무다리 등을 자연스레 만나게 되는데 독일 출신의 환경 건축가 코르테가 설계한 것이다. 주변 경관과 잘 어울리는 돌이나 철재, 나무로 만들어진 야외 조각들은 이곳의 또 다른 볼거리다.

미술관 산책의 마지막 코스는 이곳의 또 다른 명소인 유기농 카페테리아로 이 지역 농촌에서 생산된 무공해의 신선한 과일과 유기농 음식들이 제공된다. 여러 종류의 잡곡빵과 잼, 푸딩, 감자요리, 샐러드, 삶은 달걀, 과일, 음료 등 그야말로 독일산 웰빙 음식들을 실컷 맛볼 수 있다. 뷔페식이며 무료로 제공된다는 게 가장 큰 매력일 것이다. 대자연 속에서 예술 감상뿐 아니라 휴식과 명상, 그리고 웰빙 식사까지 가능한 홈브로이히는 이곳을 찾는 이방인들에게 평생 잊지 못할 특별한 추억을 선사할 것이다.

홈브로이히 박물관 섬

미술과 여행을 좋아한다면
뮤지엄 스토리텔러

빛과 바람이 스미는 한국의 자연미술관 Best 7

아름다운 자연을 벗하고 있는 전국의 숨은 미술관들을 찾아 '빛과 바람이 스미는 한국의 자연미술관'으로 엮어 스토리텔링했다.

매일을 치열하게 살아가는 우리에겐 여전히 휴식이 필요하다. 기왕이면 고즈넉한 자연에 몸을 기대고 아름다운 예술품으로 마음을 충전할 수 있는 힐링의 미술관 여행은 어떨까? 복잡한 도심을 벗어나 숲으로 간 미술관을 찾아 여행을 떠나고 싶어지는 계절. 일상에 작은 쉼표 하나 찍어줄 전국의 숨은 보석 같은 자연미술관을 소개한다.

1. 그림, 건축이 되다: 양주시립 장욱진 미술관, 경기도 양주

 화가 장욱진의 업적과 삶을 기리기 위해 2014년 양주시 장흥면 계명산 자락에 지어진 그림 같은 미술관이다. 경사진 언덕 위에 지어진 건물은 보는 각도에 따라 완전히 다른 모습을 연출하는데, 매듭처럼 묶여 있는 직사각형의 공간들이 사방으로 뻗어 나온 것 같기도 하고 꼬리를 치켜든 네 발 달린 동물의 모습도 연상시킨다. 부부 건축가 최성희와 로랑 페레이라가 이끄는 '최-페레이라 건축'이 장욱진의 호랑이 그림 〈호작도〉와 집 그림들에서 모티브를 얻어 설계했다. 그러니까 화가의 그림이 건축으로 표현된 또 하나의 작품인 셈이다. 2014년 제22회 김수근건축상과 한국건축가협회상인 '올해의 건축 베

양주시립 장욱진 미술관 전경

스트 7'을 수상했고, 영국 BBC 선정 '세계 8대 새로운 미술관'에 소개되는 등 신생 미술관으로 국내외에서 많은 주목을 받았다.

미술관은 지하 1층 지상 2층 규모로 군더더기 하나 없이 깔끔한 흰색의 벽과 천장, 높은 층고, 자연채광을 최대한 받아들이기 위한 큰 창, 반듯하지 않고 조금씩 삐져나간 기다란 방모양의 전시실 등이 인상적이다. 이곳에 영구 소장된 두 점의 벽화 〈동물가족〉과 〈식탁〉은 장욱진이 덕소 화실 내벽에 그렸던 것을 통째로 떼어내 유족이 미술관에 영구 기증한 것이다.

1층 미술관에는 다양한 굿즈를 판매하는 아트숍과 바깥 풍경을 조망할 수 있는 카페가 위치해 있다. 이곳에서 즐기는 맛난 커피와 디저트가 방문객들의 눈과 입을 즐겁게 해준다.

양주시립 장욱진 미술관

성곡미술관 조각공원

2. 도심 속 문화 오아시스: 성곡미술관, 서울

경희궁길 한적한 골목길에 자리한 성곡미술관은 서울 한복판에서 미술 감상과 더불어 자연 속 휴식이 가능한 도심 속 오아시스 같은 곳이다. 미술관 이름은 쌍용그룹 창업자인 고故 김성곤 선생의 호를 딴 것으로 현재의 미술관 자리도 본디 그가 주거하던 자택 자리에 새로 들어선 것이다. 미술관은 지하 1층, 지상 3층 규모의 비슷하게 생긴 건물 두 채가 나란히 마주보고 있는 구조로, 전시장 외에도 자료실, 세미나실 등의 시설을 두루 갖추고 있다.

특히 계절마다 옷을 갈아입는 아름다운 풍광이 일품인 조각공원은 국내에서 보기 드문 도심 속 조각공원이다. 미술관 건물 뒤쪽으로 난 산책로를 따라 걷다 보면 자연스럽게 아르망, 프랑코 오리고니, 구본주, 이재효와 같은 국내외 유명 작가들의 조각들을 만날 수 있다. 또한 산책로 초입에서 만나게 되는 아늑하고 여유로운 미술관 카페 역시 숨겨진 명소로 이곳을 찾은 관람객들에게 인기 만점이다.

대중을 위한 열린 문화교육 공간의 역할을 최우선 과제로 삼고 있는 성곡미술관은 청년 작가들의 새로운 시도와 중견 작가들의 지속적인 활동을 지원하는 후원자 역할에도 힘쓰고 있다. 또한 관객과의 원활한 소통을 위해 직장인을 위한 점심 시간 프로그램 개설, 문화모임 공간 제공, 저녁 시간 전시장 개 방 등 대중과 호흡하기 위한 여러 가지 시도를 선구적으로 해 왔다.

성곡미술관 전시실

뮤지엄 산 워터가든

3. 예술과 자연, 건축의 완벽한 조화: 뮤지엄 산, 강원도 원주

2013년 5월에 개관한 뮤지엄 산은 일본 출신의 세계적인 건축가 안도 타다오가 설계한 자연 속 미술관이다. 미술관은 산책로를 따라 웰컴센터와 본관, 그리고 세 개의 가든으로 구성되어 있다. 매표소와 안내소 역할을 하는 웰컴센터를 지나면 80만 주의 패랭이꽃이 만발한 '플라워가든'이 펼쳐지고 그 아래 자작나무 숲길을 지나면 '워터가든' 그리고 그 뒤로 '스톤가든'이 위치해 있다. 스톤가든에는 안도 타다오가 신라고분에서 영감을 얻었다는 아홉 개의 작은 돌산인 스톤마운드가 있어 관람객들의 인기를 독차지하고 있다.

미술관 본관에서는 종이의 역사를 한눈에 볼 수 있는 종이박물관과 판화 공방 그리고 국내외 근현대 미술가들의 작품을 전시하는 청조갤러리를 만날 수 있다.

스톤가든이 끝나는 지점에 있는 제임스터렐관은 라이트아트의 세계적 거장인 제임스 터렐의 작품을 모아 보여주는 곳이다. 천장에 뚫린 공간을 통해 보는 하늘의 모습이나 일출이나 일몰 때 변화하는 자연의 모습이 장관을 연출한다. 스카이스페이스, 호라이즌, 간츠펠트, 웨지워크 등 그의 대표작을 한자리에서 만날 수 있는 세계 최초의 퍼블릭 특별관으로 뮤지

뮤지엄 산 플라워가든

뮤지엄 산 스톤가든

엄 산의 하이라이트 같은 곳이다. 2018년 개관 5주년을 기념해 명상관이 개관한 데 이어, 2023년에는 두 번째 명상 공간 '빛의 공간'이 문을 여는 등 안도 타다오의 새로운 건축이 계속 추가되며 변화를 거듭하고 있다.

4. 물, 바람, 돌. 미술관이 되다: 수. 풍. 석(水.風.石) 뮤지엄, 제주

    생태 휴양형 고급 주거 단지 '비오토피아' 내부에 있는 자연 속 박물관이다. 22만 평 대지 위에 들어선 비오토피아에는 제주 오름의 곡선과 지형에 순응하는 빌라와 타운하우스, 거대한 생태공원과 미술관이 조화롭게 어우러져 있다. 흙, 돌, 나무 등을 이용한 무겁고 원시적인 건축을 추구하며 평생 건축의 본질을 고민했던 재일교포 건축가 이타미 준이 설계했다.

    수 뮤지엄은 외관부터 독특하다. 입방체의 건물 안에 네모난 인공 연못이 있고, 지붕은 타원형으로 뚫려있어 하늘의 모습이 물에 그대로 비치는 공간이다. 시간의 변화에 따라 시시각

수풍석 뮤지엄 수 뮤지엄

각 변하는 하늘의 모습을 가만히 바라만 보고 있어도 마음이 맑아지는 느낌이 든다.

풍 뮤지엄은 제주의 바람 소리를 들으며 휴식과 명상을 할 수 있는 공간이다. 좁은 나무판을 일정한 간격을 두고 이어 붙여 그 사이로 바람이 통하게 해 놓은 구조라서 내부를 걷다 보면 제주 바람을 온몸으로 체험하게 된다.

석 뮤지엄은 비오토피아 내 박물관 중에서 자연과 건축이 가장 극적으로 연출된 장소로 알려진 곳이다. 이곳의 전시품

은 제주의 돌과 창을 통해 들어오는 따사로운 햇빛이 유일하
다. 석 뮤지엄 바로 아래에 있는 '두손 뮤지엄'은 2층 규모의
전시장인데 이름 그대로 두 손을 모아 멀리 산방산을 향해 기
도하는 형상으로 지어졌다.

'비오토피아' 입주민을 위한 뮤지엄이라서 초기에는 일반인
출입이 엄격히 제한되었지만, 지금은 평일 2회 일반인 관람을
허용하고 있다. 단 인터넷으로 예약해야 한다.

수풍석 뮤지엄 석 뮤지엄

전혁림 미술관 외관(위)과 1층 전시장 모습(아래)

5. 그림을 닮은 미술관: 전혁림 미술관, 경상남도 통영

미륵산 자락 봉평동의 한적한 주택가 골목에 자리한 3층짜리 이국적인 건물이다. 화가 전혁림이 1975년부터 30여 년간 살았던 집을 허물고 그 자리에 신축한 미술관으로 2003년 5월에 문을 열었다. 통영 출신의 전혁림은 한 번도 정규 미술 교육을 받아본 적이 없이 혼자서 그림을 배웠다. 하지만 한국 전통색인 오방색을 이용한 강렬한 색채와 비정형의 독특한 추상화로 독자적인 예술세계를 구축해 '색채의 마술사', '한국의 피카소'라 불리며 작가로서의 명성을 얻었다.

미술관 건물은 외관에서부터 강렬한 인상을 준다. 깔끔한 흰 바탕에 튀지 않는 다양한 색과 문양들이 서로 조화를 이루는 타일로 장식돼 있다. 그 때문에 건물 자체가 마치 거대한 조형 예술 작품 같다. 이는 전혁림 화백과 아들 전영근 작가의 작품 각각 다섯 점을 선별해 만든 것으로 총 7,500여 장의 세라믹 타일을 조합해 완성한 것이다. 3층 전면은 정말 한 폭의 그림 같다는 생각이 들게 하는데, 전혁림 화백이 1992년에 그린 〈창〉을 타일 조합으로 재구성한 것이다. 세로 3미터, 가로 10미터에 달하는 대형 타일 벽화로 이 건물의 상징과도 같다.

1층은 전혁림의 대형 유화 작품들을 소개하는 전시장이고,

2층은 작품과 함께 화가와 관련된 자료들을 함께 전시하는 아카이브 공간이다. 3층 전시실은 현재 전혁림 미술관 관장을 맡고 있는 전영근 작가의 작품들을 전시하고 있다.

6. 뮤제오그래피의 실현: 이응노 미술관, 대전

'문자추상'이라는 독창적인 예술세계를 구축한 추상미술의 거장 고암 이응노 선생을 기리기 위해 2007년 대전시가 설립한 미술관이다. 대전시립미술관, 대전예술의전당, 대전엑스포 시민광장 등이 들어선 둔산 대공원 안에 위치해 있고, 뒤로는 국내 최대의 도심 속 수목원인 한밭수목원까지 있어 한마디로 문화예술의 거대한 숲속에 터를 잡았다고 할 수 있다.

대전시립미술관 곁에 나란히 자리한 이응노 미술관은 아담하면서도 소박한 2층 건물이다. 백색 시멘트와 검은색의 유리로 마감한 미술관 건물은 깔끔하고 세련된 인상을 풍긴다. 흑백의 대비가 묘하게 어우러진 절제된 이 건물은 프랑스 출신의 건축가 로랑 보두앵이 고암의 대표작 중 하나인 〈수(壽)〉에서 모티브를 얻어 설계한 것이다. 실제로 하늘에서 내려다본 미술관의 모양도 '壽'자를 닮았다.

화가가 종이 위에 붓으로 캘리그래피 Caligraphy를 했다면 건축가는 대지 위에 뮤제오그래피 Museography를 실현한 것이다. 뮤제오그래피는 건물 내·외부를 작품과 조화를 이루도록 해 미술관 전체가 하나의 작품이 되도록 하는 것을 말한다. 그래서 이응노 미술관은 국내 최초로 뮤제오그래피를 실현한 모델로

꼽힌다. 이곳의 소장품은 고암의 미망인이자 이응노미술관의 명예 관장을 맡고 있는 박인경 여사가 기증한 3천6백여 점에 이르는 고암의 유작들로 이루어져 있다.

고암 미술관 전경

7. 무등산 자락의 그림 같은 집: 의재 미술관, 전라남도 광주

광주 무등산 자락에는 노출 콘크리트와 목재, 유리로 마감한 현대적이고도 세련된 건물 한 채가 조용히 자리를 틀고 있다. 바로 한국 수묵화의 거장 의재 허백련(1891~1977) 선생을 기리기 위해 2001년 설립된 의재 미술관이다. 의재 선생은 우리나라 남종화의 대가로 시, 서, 화(詩書畵) 삼절을 통해 남종화의 한국적 전형을 이루었다고 평가받는 인물이다.

'도시건축' 대표 조성룡과 한국예술종합학교의 김종규 교수가 공동 설계한 미술관 건물은 의재 선생의 작품과 무등산의 조화를 잘 담아냈다는 평가를 받으며 2001년 '한국건축문화대상'을 수상한 바 있다.

미술관은 의재 선생의 각 시기 대표작과 미공개작 60여 점을 비롯해 선생이 남긴 편지와 사진 등의 유품을 전시하고 있다. 1층의 매표소를 겸한 아트숍에서는 의재 선생 작품을 응용한 다양한 아트 상품들을 판매하고 있다. 미술관 앞쪽에는 의재 선생이 40년간 기거하면서 화실로 사용한 작은 집인 '춘설헌'과 그가 묻힌 묘소가 위치해 있다. 의재 선생의 숨결과 흔적을 간직한 춘설헌은 1986년 광주광역시 기념물 제5호로 지정된 이 지역의 소중한 문화유적이기도 하다. 미술관 뒤에는 생

전의 의재 선생이 애정을 쏟아 가꾸었던 5만 평이 넘는 광대
한 녹차밭 '춘설다원'이 있다.

의재 미술관 전경

나도
뮤지엄스토리텔러

Case Study

테이트 모던 외관 전경

1. 폐건물의 화려한 변신

영국 최고의 국립현대미술관인 런던의 테이트 모던은 옛 화력발전소를 개조한 곳이고, 인상파 그림이 많은 파리의 오르세 미술관 역시 버려진 기차역을 미술관으로 화려하게 변신시킨 곳입니다.

이렇게 유럽에는 버려진 건물을 뮤지엄으로 리모델링해 성공한 사례가 많습니다. 환경을 위해서도 건물을 새로 짓는 것보다 폐건물을 재활용해야 한다는 목소리가 높습니다.

우리나라에도 폐건물을 뮤지엄이나 문화공간으로 재탄생시킨 곳들이 많습니다. 그곳들을 찾아서 '폐건물, 문화공간으로 피어나다'라는 주제로 스토리텔링해 보세요.

Tip

내용은 미술관 종류(국립, 공립, 사립 등), 대표 소장품, 건축 특징, 교육 프로그램, 입장료, 찾아가는 길, 기타 유용한 정보 등으로 구성합니다.
(참고: 시안미술관, 김영갑갤러리 두모악, 삼탄아트마인, 문화역서울284, 젊은달와이파크)

2. 나만의 뮤지엄 로드맵

우리나라에는 1,200개가 넘는 미술관과 박물관이 있습니다. 그중 관심 가는 특별한 테마를 정해 '나만의 뮤지엄 로드맵'을 만들어보세요.

Tip

소리를 찾아 떠나는 뮤지엄 기행, 맛있는 뮤지엄, 어린이를 위한 뮤지엄, 역사 속 위인을 만나러 갑니다, 숲속 미술관 기행 등 테마를 먼저 정한 후 관련 뮤지엄을 찾아 스토리텔링하세요. 전국 박물관, 미술관 정보는 포털(네이버 등)에서 '전국 박물관' 또는 '전국 미술관'을 검색하면 찾을 수 있습니다.

예 소리를 찾아 떠나는 박물관 기행: 국립국악박물관(서울), 참소리축음기박물관(강원), 고창판소리박물관(전북) 경주오르골소리박물관(경북) 등 소리와 관련된 전국의 박물관을 찾아 건축 규모, 그곳 소장품의 특징, 찾아가는 방법 등을 스토리텔링한다.

3. 우리 동네 뮤지엄 가이드

자신이 살고 있는 동네의 미술관, 박물관을 찾아 조사한 후 여행자를 위한 뮤지엄 안내서를 만들어보세요. (도, 시, 구, 군, 동네 모두 가능)

Tip

안내서에는 미술관 종류(국립, 공립, 사립 등), 대표 소장품, 건축 특징, 교육 프로그램, 입장료, 찾아가는 길, 기타 유용한 정보 등이 명료하게 정리되어 있으면 좋습니다. 가능하다면 외국인을 위한 간단한 영어 안내문도 함께 써주세요.

4. 상상 프로젝트: 내가 만약 OOO이라면

OOO에는 예술가, 건축가, 박물관장, 전시기획자, 문화예술행정가 등 문화예술 관련한 직업이 들어가야 합니다. 우리 사회에 꼭 필요한 문화예술 프로젝트가 무엇인지 서로 토론해보고 직접 프로젝트를 만들어 봅니다. 독창적이고 기발한 아이디어일수록 좋지만, 어느 정도 현실 가능성이 있는 프로젝트여야 합니다.

Tip

미술관이 아닌 일상의 장소에서의 기발한 전시, 독특한 미술관, 특별한 문화행사나 정책 등

5. 나도 뮤지엄스토리텔러! Best of Best

당신은 현재 뮤지엄스토리텔러로 활동 중입니다. 문화잡지사에서 가정의 달인 5월을 맞아 가족이 함께 갈 수 있는 뮤지엄이나 전시회를 추천해달라고 합니다. 어떤 뮤지엄 또는 전시를 추천할 것인지 그 이유는 무엇인지를 칼럼 형식으로 써보세요.

Tip

전국 박물관, 미술관 정보는 포털(네이버 등)에서 '전국 박물관' 또는 '전국 미술관'을 검색하면 찾을 수 있고, 전시 정보는 www.daljin.com / www.neolook.com 등에서 얻을 수 있습니다.

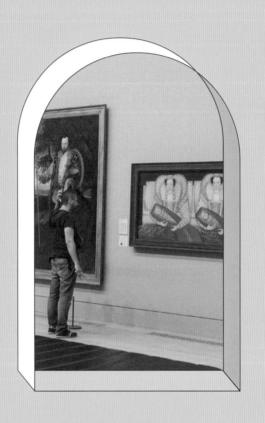

뮤지엄스토리텔러
이은화의

Story

런던 소더비 경매장에서

편 어린 시절에 대한 이야기도 궁금해요. 중, 고등학교 시절은 어떠셨어요?

미술 하지 말라는 이야기를
귀에 박히도록 들었어요

이 전 부산에서 나고 자랐어요. 아버지는 고등학교 선생님이셨고, 어머니는 사업을 하셔서 아주 바쁘셨어요. 형제는 많았지만 늘 혼자서 그림을 그리고 놀았어요. 그림을 좋아했지만 미술학원은 안 다녀봤어요. 집이 굉장히 보수적이라 미술을 하지 말라는 이야기를 귀에 박히도록 들었죠. 미술관이나 음악회를 가본 기억도 거의 없어요. 학교에서 단체관람으로 시민회관에 갔던 기억은 있는데 그 이외에는 문화생활을 해본 적이 없는 것 같아요.

편 특별히 좋아했던 과목은요?

이 국어요. 글쓰기를 좋아하고 잘했던 것 같아요. 아버지도 제가 초등학교 때 썼던 시나 글을 아직도 기억하세요. 시조도 썼어요. 글쓰기와 그림 그리기에 소질이 있었던 것 같아요. 저는 사교육을 한 번도 받아본 적이 없어요. 그렇다고 혼자서 책

읽는 걸 크게 좋아하지도 않았어요. 아니 집에 책이 그렇게 많지 않았어요. 제 어릴 때는 모든 것이 풍족한 지금과는 많이 다른 환경이었으니까. 아버지가 불교 신자여서 『무소유』 같은 스님들이 쓴 책들이 집에 많았어요. 도스토옙스키의 『죄와 벌』 같은 장편소설도 몇 권 있었고요. 순전히 아버지의 취향에 맞춘 책들이었지 어린이를 위한 책은 딱히 없었어요. 대신 늘 책을 가까이하는 아버지의 모습을 자주 보며 자랐어요.

편 그래서 돈에 대해 덜 얽매이는 거 아닐까요?

이 제가 사실은 돈에 별로 관심이 없어요. 가족들 성향이 모두 그런 것 같아요. 솔직히 절박하게 가난해 본 적도 없고 항상 그냥 먹고살 만했어요. 가족들은 근검절약하면서 살았는데 다들 예술에 소질이 많아서 그림 그리고, 글 쓰고, 악기 다루는 걸 좋아하는 분위기였죠. 외가 쪽 유전인 것 같은데, 지금도 엄마 형제들이 모이면 가족 음악회를 열어요. 취미로 배운 악기 연주 실력이 다들 대단하세요.

엄마는 제가 권해서 취미로 그림을 그리세요. 이모는 피아노 전공자로 대학교수까지 하셨고, 큰 언니도 오보에를 전공했어요. 가족들 중에 미술가는 제가 처음인데 특별한 교육을 받진 않았고 어릴 때부터 그림이 놀이였어요.

편 고등학교 때도요?

이 진로를 미대로 정했는데 부모님이 입시 미술학원을 안 보내주셨어요. 미대 가면 큰일 나는 줄 아시더라고요. 큰 언니가 오보에를 해서 돈이 너무 많이 드니까 밑에 세 명은 절대 안된다고 하셨죠. 결국 대입을 코앞에 두고 6개월 정도 입시 미술학원을 다녔어요. 그리고 대학에선 서양화를 전공했죠. 미술학원을 오래 다니지 않아서인지 유럽에 갔을 때 그곳 시스템에 빨리 적응한 것 같아요.

한국에서 어렸을 때부터 미술학원 다니며 예중, 예고 나와서 미대, 대학원까지 공부한 사람들은 외국에 유학 오면 힘들어해요. 시스템이 완전히 다르거든요. 한국에서 배운 습성을 버리는 데 시간이 오래 걸려요. 그런데 의외로 대학을 안 다닌 사람들이 유럽에서 시작하면 더 빨리 적응하고 잘하는 경우가 많아요. 우리나라 주입식 교육의 폐해죠.

편 그럼 원래 꿈은 화가였던 건가요?

먹고살아야 하는 방법을
고민했어요

이 저는 원래 그림을 그리는 작가가 되고 싶었어요. 그래서 미대에 갔던 거고. 제가 그림 전공할 때는 그림 그려 먹고산다는 게 상상할 수 없는 일이었고, 미술시장도 제대로 형성되지 않았던 시기였어요. 지금도 어려운 일인 건 마찬가지고요. 작가가 되고 싶은데 먹고살아야 하는 방법을 고민해야 했어요. 그래서 미대 졸업 후 유학 갈 때 디자인과 미술사를 둘 다 공부하기로 했죠. 디자인은 물질적인 돈을 벌기 위해, 미술사는 영혼의 허기를 채우기 위해. 실제로도 둘 다 공부를 했고요.

편 독일에서 공부해야겠다고 생각하신 이유가 있나요?

학비가 없었어요. 오래 공부하고 싶어서
미술사를 선택했죠

이 돈이 없으니까요. 독일은 학비가 무료거든요. 유학 갈 때 아르바이트해서 모아 놓은 500만 원만 들고 갔어요.

독일 대학 디자인과에 먼저 합격했는데 안 갔어요. 공부가 너무 빨리 끝나면 일찍 돌아와야 하니까요. 처음에 떠날 때 한국에 안 돌아올 생각으로 갔거든요. 미술사를 해야 박사까지 하면서 오래 머물 수 있겠다 싶더라고요. 이왕 멀리 온 거 오래 공부하고 싶어서 미술사를 선택했죠.

그런데 미술사 석사 과정 마지막 학기에 런던으로 가서 디자인을 다시 공부했어요. 사실 미술사는 제가 이론에 너무 목말라서 공부했던 거였어요. 당시 우리나라는 미술사를 체계적으로 배울 수 있는 환경이 아니었어요. 지금은 유학파 교수님들도 많고 인터넷을 통해 해외 미술 정보들을 실시간 공유할 수 있지만 예전에는 그렇지 않았거든요.

말씀드렸듯, 런던으로 가서 디자인을 공부한 이유는 먹고살기 위한 생계 대책이었죠. 디자인도 기술이니까 디자인 학위가 있으면 밥은 먹고 살 것 같더라고요. 디자인 기술로 생계를 해결하고, 그걸 기반으로 하고 싶은 작업을 하자고 정했는데 다행히도 지금 디자이너로 살고 있지는 않네요.

편 런던에서 디자인을 공부하신 후 다시 순수미술을 공부하신 걸로 알아요. 이유가 있나요?

내가 싫어하는 일을 하기 싫어서
디자이너의 꿈을 접었어요

이 네. 런던으로 가서 그래픽디자인을 공부하고 다시 순수미술로 돌아왔어요. 디자인을 해보니까 적성에 안 맞더라고요. 디자인을 포기한 계기가 있어요. 디자인과 교수님 한 분이 과제로 나이키 타운의 포스터 디자인을 내주시는 거예요. 나는 스포츠에 관심도 없고 나이키라는 브랜드를 싫어했어요. 싫은 이유는 너무도 흔하기 때문이었어요. 하지만 과제를 위해 런던 시내에 있는 큰 매장인 나이키 타운을 계속 찾아가고 관련 자료 리서치를 했어요.

모든 나이키 제품이나 광고에는 나이키 로고가 들어가요. 전 로고 없는 나이키 타운 광고 포스터를 만들었어요. 텍스트만으로 포스터를 만들어 냈더니, 교수님께서 독창적이라며 최고점을 주셨어요. 하지만 그때 깨달았어요. 디자이너의 길이 내 길이 아니라는 걸. 디자이너는 내가 싫어하는 회사라 하더라도 의뢰가 들어오면 무조건 해야 하잖아요. 한번은 하겠지만 그게 직업이라면 도저히 못 견딜 것 같더라고요. 그래서 과제 하나에 꿈을 접었어요. 다시 순수미술을 했죠.

편 서양화 전공 후 미술사, 디자인, 다시 순수미술을 공부한 거네요. 시간도 오래 걸렸겠어요.

이 그렇죠. 다만 영국은 다른 나라보다 학업 기간이 짧아서 가능했어요. 그리고 순수미술이 제 공부의 끝은 아니었어요.

마지막에 졸업 전시를 하는데 갤러리에서 온 딜러가 작품값이 얼마냐고 묻는 거예요.

그때 꽤 당황했어요. 작품을 팔아 본 적이 없었으니까 얼마를 불러야 할지도 모르겠더라고요. 라이트박스 설치 작업이었는데, 당시엔 팔 생각이 없어서 비싸게 불렀어요. 나무 자르는 것부터 전기 조립에 최종 마무리까지 제가 직접 다했어요. 한국에 돌아가서 전시할 생각으로 몇천만 원 불렀던 것 같아요. 갤러리 담당자가 웃더라고요.

"당신이 잘 몰라서 그러는데 대학원생은 작품 가격을 그렇게 받으면 안 된다. 50% 할인하자."

그때 비싸게 불러서 팔지 않은 것을 아직도 후회하고 있어요. 작품들을 배에 싣고 한국으로 가져오다가 나무가 다 썩어서 결국 버려야 했거든요.

아무튼 그때부터 미술도 상품이라는 걸 알게 되었고, 미술품이 유통되는 미술시장에 대해 더 알고 싶은 호기심이 생겼어요.

편 새로운 고민이 시작되었네요. 또 다른 선택을 하셨을 것 같아요.

미술시장과 작품 유통을
제대로 공부하고 싶어

이 맞아요. 미술품이 생산되고 유통되는 과정을 제대로 공부하고 싶었어요. 그 고민을 당시 지도 교수님께 말씀 드렸더니, 갤러리에서 일하든지 아니면 소더비 경매사가 설립한 학교인 소더비 인스티튜트의 토니 고드프리^{Tony Godfrey} 교수를 찾아가 보라로 하셨어요.

고드프리 교수는 당시 소더비 대학원의 학장이셨고, 유명한 베스트셀러 저자이자 유명 평론가였어요. 영미권 미대생들의 필독서인 『개념미술』의 저자이기도 한데, 우리나라에도 번역서가 나와 있죠. 그분을 찾아가서 인터뷰하고 정식 입학 절차를 밟아 소더비 대학원에 들어갔어요.

저는 돈하고 안 맞는 사람인데 미술시장의 정점인 세계 최고의 경매회사 학교에 들어간 거죠. 덕분에 경매 때마다 가서 세계의 부호들과 나란히 앉아 경매 현장을 지켜볼 수 있었죠. 20대의 젊은 친구들이 수십억 원짜리 작품을 아무렇지 않게 사더라고요. 저는 고학생이었지만 그런 환경에서 석사와 박사 과정까지 몇 년을 살았어요.

편 소더비 학교는 어떤 곳이고 그곳에서 무얼 배우나요?

소더비 대학원에서 인생의 전환점을

이 '소더비 인스티튜트 오브 아트 런던Sotheby's Institute of Art, London'이 정확한 학교 명칭이에요. 기니까 그냥 소더비 대학원이라고 할게요. 세계 양대 경매회사인 소더비와 크리스티는 각각 산하에 교육기관을 두고 있어요. 소더비 대학원은 소더비 경매사가 설립한 미술 전문 대학원인데, 1969년에 설립됐으니까 그 역사가 이미 반세기가 넘어요. 세계 최고의 미술 전문 인력을 양성한다는 자부심도 대단하고요. 석사는 컨템퍼러리 아트(현대미술)를 전공했고, 박사는 아트비즈니스 전공이었어요.

이곳 교육의 특징은 미술과 미술경영을 접목한 현장 중심의 수업으로 구성되어 있다는 거예요. 독일에서 미술사를 공부할 때 늘 책이나 논문, 미술관에서 답을 찾으려 했었어요. 소더비의 교육 시스템은 완전히 달랐어요. 각 현장에서 일하는 최고 전문가들이 강의를 하고, 미술관, 아트페어, 비엔날레, 경매장 등을 수시로 다니며 수업이 이루어져요.

또한 회계사나 법조인이 와서 미술법과 회계를 가르쳐요. 미술시장의 A에서 Z까지 마스터하는 느낌? 정말 살아있는 현장 밀착형 수업이었죠. 미술을 다각적으로 이해하고 바라보는 방법을 배웠어요. 또한 소더비 대학원에서 인생의 전환점을 맞았던 것 같아요.

편 배우는 게 많은 만큼 과제도 많을 것 같아요. 공부할 게 너무 많아서 고생스럽지는 않았나요?

리포트, 소논문, 세미나, 시험
헉;헉;헉;

이 고생도 많이 했고 배운 것도 많아요. 평생 할 공부는 그때 다 한 것 같아요.

말이 대학원이지 주 5일 내내 학교에 가고, 그중 하루는 '리서치 데이'라고 해서 미술관에서 살아야 해요. 학교에 가는 4일 동안 오전, 오후 수업이 꽉 차 있어요. 오전에 강의, 오후에 세미나가 있고, 때때로 저녁 7시에 외부 강사들이 와서 특강을 하는 날도 있어요.

매주 전시회 리뷰를 써야 하니 주말에는 미술관, 갤러리를 돌아다녀야 하고, 한 달에 한 번씩 에세이를 써내야 해요. 석 달에 한 번씩 소논문을 내야 하고, 학생들이 돌아가면서 두 시간짜리 세미나를 단독으로 진행해야 해요. 그런 과정을 다 끝내야 코스가 끝나요. 총 3학기로 되어 있는데 한 학기가 끝날 때마다 필기시험을 보거든요. 시험에 합격하지 못하면 다음 학기를 다닐 수가 없어요. 학기마다 통과해야 해요. 만약 시험을 통과 못 하면 논문도 못 쓰는 거죠.

거기에다가 한 달에 한 번씩 '스쿨 트립'이라고 해서 해외에 1박 2일 또는 2박 3일 계속 나가요. 중요한 미술 행사나 미술관 방문을 위한 수학여행인 거죠. 현장에 가면 미술관 관장이나 큐레이터가 나와 있고, 거기에서 수업이 이루어져요. 유격훈련이라 부를 정도로 굉장히 빡빡한 스케줄로 짜여있어요. 아침부터 저녁까지 미술관 몇 개를 돌면서 보고 듣고, 준비한 프레젠테이션도 해야 해요. 단순한 여행이 아니라 수업의 연장인거죠. 공부를 엄청나게 해야 하는데, 우선 체력이 안 되면 힘들어요. 처음 대학원에 들어갔을 때 제 동기들이 20명이었는데, 첫 학기에 두세 명 정도가 그만두었고, 2학기 때 또 세 명의 포기자가 나왔어요.

 편 소더비 대학원을 졸업하면 어떤 일을 하게 되나요?
 이 미술 관련 직업이죠. 경매사, 큐레이터, 아트컨설턴트, 평론가 등 미술계 직업은 굉장히 다양해요. 본인이 선택하면 돼요. 원하면 마지막 학기에는 소더비나 타 기관에서 인턴으로 일할 기회도 있고요.

편　졸업하면 자격증이 나오나요?

이　아뇨. 학위를 받는 거죠. 외국의 상업 화랑들은 소더비 출신을 선호해요. 한국의 경매사들도 소더비 출신들을 선호하죠.

편　소더비 학교에서 석사나 박사학위를 주는 건가요?

이　수업은 런던에 있는 소더비 대학원에서 이루어지지만 학위를 주는 기관은 맨체스터 대학이에요. 영국의 학제를 설명해 드릴게요. 소더비는 인스티튜트 Institute 예요. 스쿨이나 인스티튜트란 이름을 가진 학교는 학위를 줄 수 없어요. 종합대학인 유니버시티 University 에서만 학위를 줄 수 있어요. 그런데 유명한 학교는 스쿨이란 이름을 많이 써요. 경영학으로 유명한 런던 비즈니스 스쿨 London Business School 도 건축으로 유명한 AA 스쿨 Architectural Association School of Architecture 도 대학이란 이름을 쓰지 않아요. 소더비는 맨체스터대학교 University of Manchester 하고 협력이 되어 있어요. 저는 맨체스터대학에서 학위를 받았죠. 그래서 맨체스터대학 출신이라고 이야기할 때도 있어요. 박사 과정 때도 맨체스터 대학원 미술사 전공 교수님이 제1 지도 교수였고, 소더비 대학원의 아트비즈니스 전공 교수님이 제2 지도 교수로 두 분의 지도교수가 있었죠. 이론적인 부분은 맨체스터 교수님이 실무적인 건 소더비 교수님이 지도해 주는 특혜를 누렸죠.

편 한국의 소더비 대학원 출신들은 어떤 일을 하고 있어요?

이 몇 해 전쯤 서울에서 소더비 대학원 동문회가 처음 열렸는데, 40명 정도 모였어요. 그때 보니까 경매사, 미술관 큐레이터, 갤러리 딜러가 많았고 아트페어나 비엔날레에서 일하는 경우도 있고, 기자나 아트컨설턴트도 있었어요. 대기업에도 미술팀이 있어서 대기업 직원도 있고요. 직업군이 정말 다양했어요. 그중 제가 제일 나이도 많고 졸업 연도도 빨라요. 그래선지 후배들이 대선배라고 부르더라고요.

소더비 학교, 최초의 한국인

편 궁금한 게 있는데요. 독일과 영국에서 유학을 하면서 언어 장벽은 어떻게 극복하셨어요? 소더비에 입학할 때 어학 성적을 보지 않나요?

이 어학 시험을 봐요. 미국의 경우 토플(TOEFL), 영국은 아이엘츠(IELTS), 독일은 데에스하(DSH). 영국에서 대학원에 가려면 아이엘츠 7.0 이상을 받아야 해요. 그것도 높은 점수인데 제가 지원할 당시 소더비만 유일하게 8.0을 요구했어요. 8.0은 원어민 수준이에요. 제가 영어를 원어민 수준으로도 못하지만 8.0이라는 점수는 저처럼 늦게 영어를 배운 외국인으로서 죽었다 깨어나도 못 받아요. 물론 지금은 7.0으로 조정이 되었어요.

그렇게 요구하는 이유는 외국인을 안 받겠다는 거죠. 생각해 보세요. 수천만 원에서 수백억 원이 오가는 미술시장에서 일하려면 말도 세련되게 잘하고 글도 매력적으로 잘 써야 되겠죠. 고객들이 다국적일 테니 영어만 잘해서도 안 돼요. 영어에 독일어, 프랑스어는 기본이에요. 소더비 경매사에서 인턴을 뽑을 때도 3개 국어가 자유로워야 한다는 기본 조건이 붙어요. 그런 잠재 인력을 교육하는 대학원 인터뷰에 동양인이 붙은 건 거의 기적이었어요.

편 그럼 8.0을 넘은 거예요?

이 저는 시험 자체를 안 봤어요.

어떻게 그런 일이!

인터뷰의 가상 시나리오를
통째로 외워요

이 저는 학교를 여러 곳 다녔기 때문에 인터뷰의 달인이에
요. 독일 유학부터 차례대로 말씀드릴게요. 독일로 유학 갈 때
도 독일어를 기초밖에 모르는 제가 독일어 인터뷰를 한 시간
했어요. 독일어 능력은 부족한데 인터뷰는 봐야 하고 그래서
인터뷰 가상 시나리오를 썼어요. 디자인과에 지원했을 때였는
데 포트폴리오 내용을 설명하는 글을 마치 방송 대본 쓰듯이
다 써서 외웠어요. 면접관이 어떤 내용을 물을지는 예상할 수
있잖아요. 그렇게 인터뷰를 보고 합격했지만 결국 그 대학에
가지 않고 어학원에 등록했어요.

입학해 봤자 강의도 못 알아들을 텐데, 그럼, 졸업을 못 하잖
아요. 해서 순리대로 어학원을 9개월 정도 다닌 후 어학 시험
을 봐서 미술사 전공으로 베를린 자유대학에 입학했어요. 이
론 전공은 인터뷰 없이 어학 점수와 서류 전형으로만 입학 여
부를 결정하기 때문에 어학 점수가 좋아서 바로 들어갔어요.

영국 유학 당시에 영어는 어떻게 공부하셨어요?

경비를 아끼기 위해
어학원의 무료 체험 수업을

이 전 영어학원을 제대로 다녀보지 못했어요. 제가 학교 다닐 때는 중학교 가서야 처음으로 알파벳을 배웠어요. 고등학교 때 영어 선생님은 일본에서 공부하신 나이 많은 분이라 일본식 영어를 가르치셨어요. 일본식 발음의 한국 영어가 어떨지 상상이 가잖아요. 딱히 과외를 받거나 학원을 다니지도 않았고. 당연히 영어를 잘할 수 있는 환경이 아니었고 잘할 수도 없었죠.

신기한 건 독일어를 할 줄 아니까 영어도 쉽게 느껴지더라고요. 둘 다 라틴어에 뿌리를 두고 있기 때문에 문법도 어순도 비슷하더라고요. 그래서 처음 영국 갔을 때는 독일어식 영어를 했어요. 미국 영어에 비해 영국 영어는 발음도 좀 더 정직하잖아요. 혀를 덜 굴린다는 거죠. 그래서 더 쉽게 배웠던 것 같아요.

저는 집에서 지원받아 유학을 간 게 아니었어요. 돈을 벌어서 유학을 했기 때문에 모든 경비를 아껴야 했죠.

어학 공부에 들어가는 돈을 아끼기 위해서 고안한 방법이 있었어요. 런던에는 어학원이 정말 많아요. 특히 옥스퍼드 거리에 가면 두 집 건너 한 집이 어학원이에요. 학원비도 천차만별이죠. 어학원들이 수강생 유치를 위해 3일에서 일주일 정도 무료 체험 수업을 제공해요. 전 거의 석 달 동안 어학원들을 돌아다니며 무료 수업을 받았어요. 거의 매일 레벨 테스트를 보니까 시험 요령도 늘고 영어도 단시간에 많이 늘었어요. 세 달 정도 되었을 때 레벨 테스트를 보니까 최상위반으로 배정되어서 더는 학원을 다닐 필요가 없게 되었죠. 제가 어학에 소질이 있었기도 했지만 독일어를 할 줄 아니까 가능했던 거예요. 더 큰 이유는 절박했기 때문이고요.

편 다른 사람들이 보기에 선생님은 집안도 좋고, 돈도 많은 사람이라고 생각할 것 같아요. 그런데 고생한 이야기를 들으니 더 가깝게 느껴지고 한편으로는 감동했습니다. 희망도 느껴졌고요.

모든 벽을 문장으로 도배

이 말씀드렸듯, 저희 집이 가난하진 않았어요. 부자도 아니었고. 그냥 평범한 중산층이었죠. 하지만 20대 초부터 전 집에서 경제적 독립을 선언했어요. 경제적으로 독립을 해야 진정한 독립이라고 믿었고, 성인이 되면 자기의 삶은 스스로 책임져야한다고 생각했거든요. 그래서 유학을 갈 때도 집에 손을 내밀지 않았어요. 나중에 들은 얘긴데, 엄마는 제가 독일에서 6개월도 못 버티고 돌아올 거로 생각했대요.

돈도 없이 떠난 애가 외국에서 얼마나 버티겠냐고 생각했던 거죠. 형제가 많은 집에서 자랐기 때문에 부모님이 거의 방목 수준으로 저희를 키우셨는데, 돌이켜 보면 그 덕에 제가 독립심을 키운 것 같기도 해요.

꿈이 있으면 그리고 노력하면 다 길이 생긴다는 말, 저는 믿어요. 전 그냥 공부가 더 하고 싶어서 도전했고, 노력했고, 그리고 원하는 삶을 살고 있으니까요.

편 독일어와 영어도 하시니 외국어를 잘하는 비결이 따로 있을 것 같은데요.

이 언어는 습관이에요. 매일 써야 늘어요. 그리고 요령이 있으면 좀 더 외국어를 효율적으로 배울 수 있죠.

제가 독일에서 다닌 어학원은 종교 단체에서 운영하는 학비가 아주 저렴한 곳이었어요. 운 좋게 아는 신부님 추천으로 수

업료를 거의 안 내고 다녔죠. 당시 전 독일어에 미쳐 살았어요. 너무 절박했으니까요. 만약 어학 시험을 통과하지 못하면 다시 한국으로 돌아가야 하잖아요. 갈 곳이 없었어요. 집으로 다신 안 돌아온다며 큰소리치고 떠나왔거든요. 한 마디로 유럽으로 가출을 한 거죠. 그래서 잠자는 시간 빼고는 계속 독일어만 공부했어요. 길거리를 오가면서도 쪽지 만들어서 주머니에 넣고 다니며 매일 문장을 통째로 외웠어요. 오른쪽 주머니는 다 외운 문장. 왼쪽은 덜 외운 문장, 이렇게 분류해 가며.

다락방에 살았는데 모든 벽을 독일어 문장으로 도배했어요. 심지어 화장실까지도. 중요한 건 단어가 아니라 문장이니까요. 그리고 9개월 뒤에 시험을 치렀어요. 한국 사람도 여럿 있었는데 시험에 합격한 건 독문과 대학원 출신 한 분과 저 이렇게 딱 둘이었고, 나머지는 다 유럽이나 미국 친구들이었죠. 시험 결과도 제가 전체 수험생 중 2등이었어요. 어학 점수가 좋다 보니 대학에 여러 군데 지원했을 때 대부분 다 입학 허가서를 받았고요. 머리가 좋아서가 아니라 진짜 절박해서 미친 듯이 공부한 결과였어요.

편 절박하면 열심히 하게 된다는 거죠? 소더비 얘기로 다시 돌아가서 영어 점수 없이 어떻게 대학원에 들어갔다는 건가요?

제가 영국인보다 영어를 더 잘 쓴대요

이 독일어를 잘한다는 게 어필을 했던 것 같아요. 영국 대학원에 입학할 경우 추천서가 중요하거든요. 추천서를 써주신 지도 교수님이 추천서 끝에 "조세피나는 독일어를 굉장히 잘한다. 그래서 영어도 금방 잘할 것이다." 이렇게 쓰셨더라고요. 제 영어 이름이 조세피나예요. 세례명이죠. 영국 사람들이 볼 때 자신들이 못하는 독일어를 잘하는 동양인이니 다시 보는 거죠. 미국이나 영국 사람들은 의외로 다른 외국어를 못하는 경우가 많아요. 필요가 없으니까. 동양인이 독일어나 불어를 잘하면 굉장히 신기하게 생각해요. 그들은 제가 영어를 금방 잘할 거라고 판단했죠.

그렇게 미술대학원에 들어가 졸업하게 되었고, 이미 영국 대학원 졸업장이 있는 상태에서 소더비 대학원을 간 거니 어학 점수를 새삼 요구하지 않았던 거죠.

그리고 인터뷰 때는 항상 가상 시나리오를 써서 다 외워가니까 제 어학 실력을 의심하지 않더라고요.^^ 그만큼 준비를 해간다는 뜻이에요.

편 어렵게 입학을 해도 외국어로 강의 듣고 논문 쓰려면 어렵지 않으셨어요?

이 모국어가 아니니까 힘들다기보다 답답했죠. 3개 국어 정도는 기본인 친구들 속에서 함께 공부하다 보니 좌절감도 많이 들었어요. 특히 스위스나 네덜란드 출신 친구들이 제일 부러웠어요. 어릴 때부터 자연스럽게 다국어를 쓰는 환경 속에 자랐으니까요. 저한테는 독일어도 영어도 다 죽으라고 공부해야하는 외국어니까요. 대학원은 모두 토론과 발표식 수업인데 제가 영어를 제일 못했어요. 스트레스가 많았죠. 말이라는 게 갑자기 청산유수처럼 나오는 게 아니잖아요. 내 생각을 빨리 빨리 제대로 전달하지 못해 답답할 때도 많았죠. 더군다나 미술뿐 아니라 철학, 경제 등 전문적인 용어를 쓰면서 말하려고 하니 힘들었어요. 더군다나 소더비 제 동기들은 정말 말을 잘하는 친구들이었거든요. 나중에 소더비 경매의 외국 지사장도 나오고, 런던 최고의 갤러리인 화이트 큐브의 이사도 나오고, 미국 유명 미술관의 큐레이터, 평론가도 여럿 나왔죠. 모두 얼마나 말을 잘해야 하는 직업일지 생각해 보세요.

졸업할 때 쓰는 논문도 힘들었어요. 졸업 논문 통과만 해도 다행이라고 생각했는데 나중에 교수가 하는 말이 제가 영국인보다 글을 더 잘 쓴다는 거예요. 왜냐하면 영어가 제게는 외국어니까 틀린 곳은 없는지 세 번, 네 번 꼼꼼히 체크했죠. 한국 사람들이 한글을 써놓고 체크를 잘 안 하는 것처럼 영국 학생들도 자신의 논문을 그렇게까지 살피진 않았던 거죠. 제가 부족한 부분을 아니까 남들보다 몇 배를 더 노력했어요.

사실 학기 중에 써내는 에세이나 소논문도 마감일 1주일 전에 써서 미리 교수에게 보여줬어요. 이렇게 쓰면 되겠는지 부족한 부분은 없는지 미리 점검받아서 다시 해서 제출했죠. 그래서인지 과제물 점수는 제가 항상 좋은 편이었어요. 말하기가 부족한 걸 글쓰기로 메웠다고 해야 할까요?

편 독일, 영국에서 유학을 했는데 그 시절에 얻은 것과 잃은 것은 무엇이 있을까요?

이 유학을 통해서 얻은 건 정말 많아요. 아무도 도와주지 않는 상태에서 유학을 갔기 때문에 학비와 생활비를 다 벌면서 공부했어요. 낯선 이국땅에서 철저하게 혼자서 모든 걸 결정하고 행동하고 책임지는 습관이 몸에 뱄어요. 그런 게 독립심인거죠.

힘들다고 생각해 본 적은 거의 없어요. 제가 좋아서 선택한 일이었기 때문에. 외국에 살다 보면 한국에서는 안 겪을 별별 일을 다 겪게 돼요. 외국인 신분이고 늘 타자이자 약자로 살게 되죠. 그래서 의연하게 모든 문제에 대처하고 해결하는 삶의 기술을 배울 수 있었죠. 세상을 보는 다양한 시각과 다양한 경험, 거기서 얻은 지혜도 저의 평생 자산이겠죠. 유학 가서 잃은 거라면 건강이 좀 나빠지고 살이 좀 빠진 거? 사실 잃은 것은 별로 없어요.

편 유학이 체질이셨네요. 그런데 미술은 미국도 유명하지 않나요?

이 미국은 돈이 없어서 못 갔어요. 돈이 많았어도 안 갔을 것 같긴 해요. 제가 386세대와 함께 대학을 다녀서인지 20대 때는 안티 아메리카의 정서가 살짝 있었어요. 물론 지금은 아니지만요. 소더비 대학원 시절 학과 친구의 70%는 미국인, 그중 50%가 뉴요커였어요. 미국 학생들이 영국에 와서 학교를 다녔죠. 지금은 뉴욕에 소더비 학교가 있지만 그때는 없었거든요. 그때 미국 친구들과 같이 지내면서 미국인들을 다시 바라보게 되었죠. 이제는 미국이나 미국인에 대한 선입견은 없어요.

제가 처음 독일로 간 건 학비가 안 들기 때문이었고, 이후 영국으로 간 건, 영국도 미국만큼 학비가 비싸지만 학생들이 합법적으로 일을 할 수 있기 때문이었어요. 물가가 비싼 만큼 인

건비도 비싸니까 일하면서 공부하는 제겐 더 맞았던 거죠. 독일은 학생들이 방학 때만 일을 할 수 있거든요.

얼마 전 기사를 보니, 한국 유학생 열 명 중 여섯 명이 미국으로 간대요. 그런데 정작 미국 학생들은 자국의 학비가 너무 비싸서 독일로 유학을 간다더군요. 우리나라도 대학 등록금이 너무 비싸요. 돈 없으면 공부를 할 수 없는 구조죠. 독일처럼 국가가 교육을 책임져 주면 좋겠어요. 그리고 다 대학을 갈 필요도 없고요. 공부할 사람만 대학을 가고 그 교육비는 국가가 책임져 주면 좋겠어요. 물론 너무 큰 이상이겠죠.

편 영국 유학 시절에 기억나는 에피소드 좀 들려주세요.

이 그들이 선진국이라고 느꼈던 사건이 하나 있어요. 교수님이 수업 시간에 네덜란드의 어느 지방에서 있었던 전시회를 언급했죠. 전시 디스플레이가 참 잘된 전시였다고 칭찬을 했어요. 갑자기 그 전시회의 카탈로그가 너무 보고 싶은 거에요. 테이트 미술관 서점에 가서 물어봤죠. 전시회의 이름과 미술관 명을 알려주고 혹시 카탈로그를 구할 수 있겠냐고. 그런데 서점 직원이 알아보고 연락을 주겠다면서 연락처를 남기라는 거예요. 영국 내도 아니고 다른 나라의 소도시에서 있었던 지나간 전시 도록을 찾아봐 주겠다는 것만으로도 감사했죠. 그런데 정말 10일 후에 카탈로그를 구했으니 와서 가져가라고 연락이 왔어요. 한국에서는 상상할 수 없는 일이죠. 제가 한국의 서점 직원한테 몇 년 전 싱가포르의 한 지방에서 열린 전시회의 카탈로그를 구해달라고 해봐요. 미쳤냐고 하겠죠.

교육자의 길을 가자고 정했어요

편 소더비에서 학위 받고 그다음에 어디로 가셨어요? 생각한 진로는요?

이 일단 귀국했어요. 일하면서 계속 공부를 해왔기에 심신이 너무 지친 상태였어요. 처음 한두 달은 몸 추스르며 한국 생활에 적응하느라 바빴고요. 그다음엔 뭘 하며 살까 어떤 일이 가장 행복할까 고민했죠. 내가 선진국의 대학에서 받았던 교육의 혜택을 한국의 학생들과 나누고 싶단 생각이 들었어요.

교육자의 길을 가야겠다고 생각한 건 소더비 대학원 시절 지도 교수님 때문이에요. 정말 존경스러운 분이셨죠. 아까도 말씀드렸던 토니 고드프리 교수요. 아마 소더비 대학원을 졸업하고 교육자가 되겠다고 결심하는 사람은 저밖에 없을 거예요. 다들 자본주의의 꽃인 경매시장이나 상업미술 현장에 뛰어들어 돈을 벌고 싶어 하겠죠. 그러기 위해 소더비를 택하는 거고.

교수님이 학생들을 위해 헌신하는 모습에 감동받았어요. 영
국 유학 경험자 중엔 "마치 지도 교수가 나를 위해 존재하는
사람 같다."라고 말하는 사람들이 종종 있어요. 학생이 필요한
게 있으면 뭐든지 도와주고 찾아주려는 교수들의 친절함과 성
실성 때문에 나온 말이에요. 제 지도 교수님도 그랬어요. 학생
을 위해 헌신하는 교육자의 모습, 그 자체였죠.

물론 다 그런 건 아니겠지만, 제가 만난 영국의 지도 교수들
은 학생들을 위해서 항상 모든 걸 준비하고 있었어요. 영국 대
학에는 튜토리얼 제도가 있는데 지도교수가 1~2주에 한 번씩
담당 학생들을 1:1로 면담하면서 수업이 이루어져요. 학생 시
간이 안 되면 자기 시간을 양보해 맞춰주고, 학생에게 필요한
자료나 정보가 교수의 전공 분야가 아니면 외부 전문가를 찾
아서 연결해 줘요.

학생이 질문한 것에 대해 당장 답을 못 주면 시간을 갖고 함
께 해결해 주려고 노력하고요. 그건 대단한 열정이에요. 한국
에서는 상상할 수 없는 일이죠.

영국에서 지도 교수님의 모습을 보면서 나도 이런 교육자가
되어야겠다고 생각했어요. 저는 한국에서 그런 교육을 받아본
적이 없었으니까요. 한국, 독일, 영국에서 여러 가지 교육 시스

템을 직접 경험한 입장에서 제가 받았던 선진 교육의 혜택을 우리나라 학생들에게 돌려줘야겠다고 생각했어요. 그래서 대학 강의를 하게 된 거예요. 벌써 20년이 다 되어가는데, 잘하고 있는지는 모르겠어요.

편 언제부터 뮤지엄스토리텔러를 시작하신 건가요?

첫 뮤지엄 스토리텔링,
반응이 폭발적이었어요.

이 한국에 들어왔을 때 6개월 정도의 공백이 있었어요. 일단 가까운 백화점 문화센터 강의를 시작했죠. 당시에는 미술이론에 대한 대중 강의가 거의 없었을 때였어요. 강의계획서를 써서 문화센터 담당자를 만났고 강의를 시작하게 되었어요.

유럽에서 내가 직접 다니면서 경험했던 뮤지엄들을 소개하는 강의였는데, 반응이 폭발적이었어요. 저의 첫 뮤지엄스토리텔링이 그때 시작된 거죠.

처음 한 강의였는데 반응이 좋아서 저 혼자 한 곳에서 세 개의 클래스를 운영했어요. 한 마디로 대박 난 거죠. 그렇게 해서 일반인을 대상으로 하는 강의를 하게 됐고, 대학 강의도 많이 나갔어요.

대학이나 대학원에서 제가 가르치는 과목은 서양미술사, 시각매체론, 조형예술론, 비교미술론, 현대미술의 이해, 동시대 미술사조 등 제목 자체가 좀 딱딱해요. 대학 강의는 제가 만드는 게 아니라 학교가 개설한 걸 제가 맡는 거니까요. 그래도 최대한 재밌게 강의를 진행했어요.

서양미술사 강의할 때 학생들에게 책과 그림만 보면 재미가 없으니까 유럽 여행하듯 미술사를 공부해 보자고 말했어요.

예를 들면, 제가 직접 찍은 사진들과 함께 파리의 루브르 박물관을 방문해 고전미술을 마스터하고, 오르세 미술관을 통해 근대미술을, 그리고 퐁피두센터를 여행하며 현대미술을 설명하죠. 마치 유럽의 미술관 현장에서 수업하는 것처럼 하니까 학생들 반응도 뜨거워요. 그리고 빨리 유럽 여행 가고 싶다고 하죠. 미술사 수업인데 학생들에게 여행을 꿈꾸게 해요. 지루한 미술사 수업이 아니라 매 수업 시간이 유럽여행이니까 학생들이 너무 좋아해요. 성신여자대학교에서는 최우수 강사로 뽑히기도 했죠. 중앙대학교와 경희대학교 학생들도 제 강의를 좋아해요. 4년 동안 들었던 강의 중에서 제일 즐겁고 유익했다는 학생도 있었어요. 빈말이라도 그런 피드백이 있을 때 보람을 느껴요.

작품의 가치를 돈으로
매기는 게 불편했어요.

편 큐레이터나 경매사를 안 하신 이유는 뭐예요?

이 제 박사 과정 전공이 아트비즈니스, 즉 예술경영이에요. 런던 유학 시절, 생계형으로 잡지사 런던 통신원 일을 하며 경매 관련 원고도 많이 썼어요. 그래서 소더비와 크리스티 경매장에서 살다시피 했죠. 제 옆에 앉은 사람들이 패들을 들어 300억 원, 400억 원 하는 작품을 척척 사는 걸 일상적으로 지켜봤어요. 심지어 천억 원이 넘는 작품이 팔리는 현장에도 있었고요. 뉴욕과 마찬가지로 런던은 소위 말하는 금수저들이 많이 사는 도시예요. 대학원 동기들 중에도 월세 300만 원씩 내며 사는 부유한 친구들이 많았고요. 이런 환경에서 지속적으로 살다 보니까 돈에 무감각해지고 흥미를 느낄 수 없었어요. 제가 아무리 노력해도 앤디 워홀 그림 한 점 살 수 없을 거라는 게 너무 자명하니까.

작품의 가치를 돈으로 매기는 행위가 불편하기도 했어요. 제가 작가라서 그런가 봐요. 그래서 미술 시장인 경매회사나 상업 화랑에서는 일하고 싶지 않더라고요. 그림을 팔기 위해선 돈 많은 컬렉터분들 비위도 잘 맞추어야 하는데 그런 걸 잘할 자신도 없었고요. 한번은 대형 상업 갤러리에서 디렉터 제안을 했는데 1분도 고민 안 하고 거절했어요. 그림 장사 못한다고.

국공립미술관 큐레이터는 공무원 신분이고 그림 장사를 안 해도 되지만 들어가기가 하늘의 별 따기죠. 말이 공무원 신분이지 비정규직이 태반이고요. 그리고 매일 출근하는 일은 제가 힘들어서 못 해요.

말씀드렸잖아요. 생계를 위해 주 3일 이상 출근 못 한다고. 그게 제 직업에 대한 소신이고 철학이에요.

나는 절대 풀타임 직업을 갖지 않겠어.

편 그럼, 지금까지 단 한 번도 풀타임으로 일한 적이 없으세요?

이 20대에 딱 한 번 풀타임 직업을 가졌어요. 유명한 건설회사에서 몇 개월 일했죠. 쉬는 날이 거의 없었어요. 모델하우스에서 일했기 때문에 주말이 더 바빴죠. 지각 한 번 안 하고 정말 열심히 일했어요. 아르바이트였지만 초과 수당을 많이 받아서 당시 그 회사 대리보다 월급이 많았어요. 그렇게 몇 개월 일하고 과로와 장염으로 병원에 실려 갔어요. 밤낮없이 일해 번 돈을 고스란히 병원비로 바쳤어요. 너무 허무하더라고요. 그때 생각했죠.

'앞으로 절대 풀타임 직업을 갖지 않겠어.'

편 그렇게 자유 직업인이 되셨네요.

이 지금도 가끔 갤러리나 기업, 연구소 등에서 함께 일하자는 제안을 받아요. 고민 없이 모두 거절하죠.

편 선생님은 뮤지엄스토리텔러, 미술작가, 저자, 강사 등 여러 직업을 갖고 계시네요.

이 제 직업 수를 세어보니 아홉 개 정도 되더라고요. 평론가, 칼럼니스트, 독립 큐레이터 등도 포함해서요. 융합미술연구소도 운영하면서 여러 가지 프로젝트도 하고 있고요. 직업은 많지만 매일 출근해야 하는 일은 없어요.

편 미술작가로서도 활동하시잖아요.

이 네. 2004년에 서울에서 첫 개인전을 열었는데 반응이 좋았어요. 오프닝 때 70명이 넘게 왔더라고요. 지인은 열 명 정도였죠. 신문이나 잡지에 소개된 전시 소식을 보고 일부러 오신

분들이었죠. 전 '그림을 쓴다'는 개념으로 작업을 해요. 이모티콘처럼 컴퓨터 자판의 문자나 기호로 이미지를 만들어요. 이모티콘을 갖고 미술작품을 만든 사람이 없었기 때문에 신선했나 봐요. 그때부터 이모티콘 작가로 불려요. 오프닝 때 KBS에서 취재를 왔는데 '일상의 이모티콘이 예술이 되다'라는 제목으로 제 전시를 소개하더라고요. 그 이후로 계속 여러 전시에 초대받았어요. 국립현대미술관, 서울시립미술관, 예술의 전당, 부산시립미술관 등 대부분 공공 기관에서 전시회 제안이 들어왔어요. 2016년에는 개인전을 두 번이나 가졌고, 2022년과 2023년에는 신간 출간과 동시에 개인전을 열었어요.

첫 책이 성공하자
계속 책 제안이 들어왔어요.

편 작가로도 승승장구하셨네요. 전시만 하는 것도 바쁠 것 같은데 책은 언제 쓰세요? 처음 책을 쓰게 된 계기도 궁금해요.

이 백화점 문화센터에서 유럽의 미술관을 소개하는 강의를 하면서 그 이야기를 묶어 책으로 내야겠다는 생각이 들었어요. 그래야 더 많은 사람에게 제 경험을 공유할 수 있는 거잖아요. 일이 되려고 그랬는지 모르겠지만 2004년 개인전 때 출판사 관계자들이 많이 오셨어요. 그림을 쓴다는 개념과 문자로 이미지를 만드는 아이디어가 책 만드는 분들의 관심을 끌었던 모양이에요. 그래서 오신 분들에게 책 구상을 슬슬 흘렸어요. 출간기획서와 함께 샘플 원고를 써서 보여드렸고요. 여러 출판사와 조율하다 대형 출판사인 랜덤하우스와 인연이 되었어요. 그때 나온 책이 『21세기 유럽 현대미술관 기행』이에요. 지금은 아트북스 출판사에서 『가고 싶은 유럽의 현대미술관』으로 이름이 바뀌어 나오고 있어요.

이 책이 정말 많이 팔렸어요. 지금까지도 많은 사랑을 받고 있고요. 국립중앙도서관 예술 분야 최다 대출 10대 책에 선정되기도 했어요. 첫 책이 성공하고 나니까 계속 책 제안이 들어왔고, 지금까지 어린이책까지 합하면 열네 권의 책을 쓰게 된 거예요. 책은 틈틈이 써요. 특히 방학 때 집중해서 쓰죠. 제가 만약 매일 출근하는 직장에 다니거나 방학이 없다면, 책 쓸 엄두도 못 냈을 거예요.

편 정말 많은 책을 쓰셨네요. 글을 엄청나게 빨리 쓰시나 봐요.

이 아뇨. 글을 정말 천천히 써요. 갈수록 힘들다는 생각도 들고요. 알고 있는 정보와 지식, 소중한 경험을 다른 이들과 나누고 싶은데 방법이 딱 두 가지밖에 없더라고요. 강의와 책. 강의는 물리적인 한계가 있고 더 많은 이들과 나누기엔 책이 가장 효과적인 방법이었어요.

제 기질과도 상관이 있는데 새로운 정보와 지식, 경험들을 혼자 갖고 있지 못하는 성격이에요. 뱉어내고 싶고 나누고 싶어 안달이 나요. 혼자 갖고 있으면 욕심이고 나누면 몇 배의 기쁨이 돼요. 그게 저의 행복이에요. 행복한 일이니까 계속하는 거고요.

편 선생님 책은 대부분 미술관에 대한 내용인 것 같던데요.

이 네. 대부분이 미술이나 미술관에 관한 책들이죠. 어린이 책의 경우, 예술가나 예술의 도시에 관한 것도 있고요. 영국에서 출간한 책은 영국, 일본, 미국인 저자와 함께 쓴 건데 현대 사진에 관한 전문서예요.

그래도 미술관 책이 제일 많아요. 유럽의 현대미술관이나 알려지지 않은 자연 속에 있는 미술관을 소개한 책들이죠. 한국의 자연 속 미술관을 소개한 『숲으로 간 미술관』이란 책도 있고요. 최근에는 『그림의 방』, 『사연 있는 그림』 등 미술작품과 작가에 관한 책도 냈어요. 그중 『사연 있는 그림』은 출간 즉시

베스트셀러가 되면서 뜨거운 반응을 얻었어요.

콘텐츠 메이커Contents maker가 되라

편 듣고 보니 뮤지엄스토리텔러는 직업의 이름이 아니라 일의 이름이네요. 뮤지엄 스토리텔링을 통해 할 수 있는 일이 정말 많은 것 같아요. 강사, 저자, 작가…

이 그렇죠. 전 학생들한테 콘텐츠 메이커가 되라는 이야기를 자주 해요. 콘텐츠를 가지고 있으면 할 수 있는 게 너무 많아요. 저는 뮤지엄 스토리텔링이란 콘텐츠를 가지고 있기 때문에 저자, 칼럼니스트, 강사, 방송 출연, 미술관 자문 등 다양한 일을 하고 있어요.

편 선생님의 많은 경험이 뮤지엄 스토리텔링에 큰 도움이 되는 거죠? 외국어 능력도 도움이 많이 될 것 같고요.

여러 언어와 친해지세요

이 다양한 경험은 어떤 직업을 갖더라도 도움이 된다고 생각해요.

언어의 경우도 다양한 언어를 구사할 수 있으면 일의 폭과 범위도 넓어져요. 저도 독일어, 영어와 친숙한 덕에 이탈리아어나 프랑스어, 네덜란드어를 접해도 그렇게 당황하지 않아요. 유럽 언어 한 가지를 제대로 구사할 수 있으면 유럽의 다른 나라 언어들도 편하게 여겨지더라고요.

독일과 네덜란드의 자연 속 미술관들을 소개한 『자연미술관을 걷다』를 쓸 때였어요. 자료 찾는 데 애를 많이 먹었어요. 직접 다녀온 미술관들이긴 하지만 더 자세한 내용과 정보를 찾으려 하니 자료가 너무 없는 거예요. 특히 네덜란드 미술관 자료 찾는 데 시간이 오래 걸렸죠. 우리나라 시골 미술관을 생각해 보세요. 홈페이지에 자국 말로만 설명되어 있지 영어 버전은 따로 없어요. 그래서 정보를 찾기 위해 지역 신문도 뒤져보고 기자들의 블로그도 찾아봤죠. 그러려면 네덜란드어를 알아야 하는 거죠. 다행히 네덜란드어는 독일어와 비슷한 부분이 많아요. 그래서 구글 번역기를 통해 네덜란드어를 독일어로 번역해 정보를 찾았어요. 마찬가지로 라틴어권의 유럽 언어들은 영어로 전환하면 거의 매끄럽게 번역이 돼요. 한국어로 하면 엉망이 되지만. 그건 언어 구조가 너무 달라서 그런 거예요. 뮤지엄스토리텔러가 되려면 여러 언어들과 친해져야 해요.

編 노력의 연속이네요. 좋아하는 일을 해야 힘든 노력도 즐거움이 될 수 있겠죠?

이 노력 없이는 아무것도 안 되죠. 전문가라면 누구나 저만큼의 노력을 하고 살 거예요. 그런데 저는 힘든 노력이 아니라 즐거운 노력을 하는 거예요. 워낙 좋아하는 일이니까요.

예술은 돈을 벌기 위한 게 아니라
행복해지기 위해 하는 것

編 선생님은 미술관 분야의 전문가가 되기까지 얼마나 걸리신 건가요? 수입적인 면에서 현재의 삶에 만족하시나요?

이 한 분야의 전문가가 되려면 적어도 10년 정도의 시간이 필요하다고 봐요. 가난하더라도 끝까지 버티겠다고 결심해야 그 시간을 견딜 수 있어요. 견디기보다 즐길 수 있어야 해요. 그리고 돈이 목표인 사람은 이런 일을 못 해요. 특히 예술은 돈 많이 벌려고 하는 일이 아니고 행복해지기 위해 하는 일이니까요. 적게 벌든 많이 벌든 늘 부족한 게 돈이에요. 예전에 비해 지금의 수입이 훨씬 많은데도 전 돈이 늘 부족해요. 쓸일이 더 많아졌거든요. 아이한테도 돈이 들어가고, 작업 재료도 더 좋을 걸 쓰고 싶고, 좋은 일도 더 많이 하고 싶고… 하고 싶은 일이 훨씬 더 많아졌기 때문이죠. 그렇다고 돈 욕심을 더 내지는 않아요. 재능이든 돈이든 지금 가지고 있는 것에 늘 감사한 마음을 갖고 살아요.

가르치지 않아요,
경험을 공유해요

편 사람들은 왜 선생님의 뮤지엄 스토리텔링에 열광하는 걸까요?

이 강의를 수다 떨듯이 편하게 해요. 격식을 차리지 않죠. 제 책이나 강의에 대한 피드백을 보면 가르치려 들지 않아서 좋다고 하더라고요. 사실 저는 이 분야의 전문가예요. 배울 만큼 배웠죠. 그런데 가르치려고 하지 않아요. 왜냐하면 대중에게 가르칠 게 없다고 생각하거든요. 요즘은 정보의 채널들이 워낙 많아서 찾기가 쉬워요. 어떤 수강생은 특정 작가에 대해서 저보다 더 잘 알더라고요. 그분이 좋아하는 작가니까 깊이 있게 공부를 한 거죠. 그래서 누구를 가르쳐야 한다는 생각이 아니라 제가 경험한 것들을 공유하는 마음으로 강의하고 글을 써요.

저는 전문용어를 가급적 쓰지 않아요. 꼭 써야 할 때는 친절

하게 풀어서 설명하죠. 예를 들면 현대미술에서 중요한 개념
중 하나가 사이트 스페서픽 아트^{Site Specific Art}예요. 평론가들은
라디오에 나와서 이 용어를 그대로 사용하더라고요. 그러면
일반인들은 못 알아들어요. 병원에 가서 의사가 다 전문용어
로 이야기하면 누가 알아듣겠어요? 그래서 저는 사이트 스페
서픽 아트^{Site Specific Art}를 '장소 맞춤형 작품'이라고 해요. 그러
면 훨씬 와닿잖아요.

작가가 작업실에서 만든 작품이 아니라 특정 장소에 맞춰서
만든 작품을 사이트 스페서픽 아트라고 하는데 '장소 맞춤형
작품'은 제가 만든 말이에요. 전문용어를 쓰지 않아서 편하게
강의를 듣는다는 사람들이 많아요.

편 대학에서 강의하실 때 학생들에게 특별히 강조하는 게 있
나요?

이 저는 이런 이야기를 많이 해요. "지금은 스페셜리스트의
시대가 아니고 제너럴리스트의 시대"라고요. 20세기 초에는
하나만 잘해도 잘 먹고 살 수 있었어요. 그리고 한 우물을 파
야한다고 가르치던 시대였죠. 그런데 지금은 하나만 잘해서는
안 돼요. 제너럴리스트의 시대, 즉 다방면으로 잘해야 먹고 살
수 있어요. 한 가지가 아닌 다양한 분야를 고루 잘하는 창의적

이면서도 융합적인 인재들이 주목받는 시대라는 거죠. 고루 잘하면서도 그중 특히 잘하는 자신만의 스페셜리티^{Speciality}, 즉 전문 분야는 따로 있어야 해요.

미술작가들도 마찬가지예요. 예전에는 그림만 잘 그리면 성공했어요. 그런데 최근에 성공한 작가들을 보면 그림 실력은 기본이고 글도 잘 쓰고 말도 잘하고 대인 관계도 좋으면서 홍보나 마케팅 실력도 뛰어난 경우가 많아요. 혼자 작업실에 틀어박혀 열심히 작업만 해서는 안 된다는 거죠. 제 주변에는 세계무대에서 활동하는 성공한 작가들이 많아요. 그들을 보면 말도 잘하고 외국어 하나쯤은 기본이고, 글도 잘 쓰고 성격도 좋으면서 강연도 잘해요. 인맥 관리 능력도 뛰어나고요. 한마디로 멀티플레이어^{Multi-player}들인 거죠.

이런 능력을 타고난 사람이 몇이나 되겠어요. 그러니 연습이 필요해요. 매 학기 학생들한테도 자기 생각을 조리 있게 전달하는 글쓰기, 말하기의 중요성을 강조해요. 그래서 미대 졸업반이나 대학원생들 수업할 때는 자기 작품 세계를 글로 표현하는 '작가의 말'을 꼭 쓰게 해요. 그리고 그걸 말로 표현하는 프레젠테이션도 하고요. 아무리 좋은 작품을 만들어도 그것이 왜 좋은지 어떤 이유에서 만들었는지 작가가 설명할 수 없으면 무슨 소용이 있겠어요? 만약 자기 작품을 제대로 설명할 수 없다면 그 작품은 더 이상 작품이 아니라 아무도 이해할 수 없는 물건이 되는 거죠.

편 선생님의 의도를 학생들이 이해하고 잘 따르나요?

이 이해하죠. 그리고 제가 이해시키고요. 요즘 많은 갤러리는 포트폴리오 공모를 통해 전시할 작가를 뽑아요. 미대를 졸업하고 미술가로 진로를 정하면 누구나 이 공모에 지원하죠. 공모 제출 서류는 작가의 작품 포트폴리오와 함께 작가의 말 또는 작가 노트가 꼭 포함돼요. 자신의 작업 세계를 조리 있게 표현한 글이죠. 작품은 좋은데 작가의 스테이트먼트가 엉망이면 준비가 안 되어 있는 작가로 보여요. 반면, 글쓰기가 잘되어 있는 작가는 작품의 메시지도 더 명확해서 심사자들에게 더 어필을 할 수밖에 없죠.

미술작품이라는 게 사실 우위를 정하기가 쉽지 않아요. 수학처럼 답이 있는 게 아니거든요. 어떻게 보면 미술작품은 다 비슷해 보여요. 자신의 작품 세계를 잘 표현하고 포트폴리오도 세련되게 잘 준비해 내면 갤러리가 선택하죠. 이 작가는 우리 갤러리가 조금만 도와주면 잘할 수 있을 거라는 확신을 갖게 해야 선택받아요.

자신의 작업 세계를
완성하라!

편 미대생의 경우는 정말 도움 되는 과제겠어요. 다른 전공 학생들에겐 무엇을 강조하시나요?

이 무엇을 하든 자신만의 스토리와 콘텐츠를 만들고 그걸 글과 말로 표현해 완성하는 게 중요해요. 학교는 그런 걸 훈련하는 곳이고요. 특히 제 수업 시간에는 각자가 준비한 콘텐츠를 글로 쓰고 말로 표현하는 프레젠테이션 시간이 꼭 있어요.

또 제가 강조하는 부분은 기존에 없는 길, 남들이 가지 않는 길을 만들어 가라는 거예요. 전 뮤지엄스토리텔러가 되라고 말하고 싶진 않아요. 뮤지엄스토리텔러 이은화처럼 자기만이 잘할 수 있는 무언가를 찾아 스스로 길을 만들고 직업을 만들라는 거죠.

누구나 자기가 좋아하고 잘하는 게 분명히 있어요. 그것을 찾아서 10년 정도 묵묵히 노력하다 보면 그 분야의 스페셜리스트가 반드시 된다고 생각해요. 10년만 노력하면 돼요. 이 세상에 없는 직업을 창조할 수 있어요.

대기업에 다니려고 목매고, 스펙을 쌓고, 또는 기성세대가 만들어 놓은 직업의 좁은 문 앞에 줄 서 있지 말고 자신이 진정으로 좋아하는 무언가에 투자하고 자기만의 직업을 만들어서 1인 기업가가 되라고 이야기해 주고 싶어요.

뮤지엄스토리텔러는 1인 기업가예요. 강연하고 책 쓰고 모두 혼자서 하는 일이죠. 제가 스케줄을 조절하면서 살아요. 저는 콘텐츠를 만드는 창작자이기 때문에 늘 갑으로 살죠. 저의 직업인 뮤지엄스토리텔러를 하라는 게 아니라 저처럼 좋아하는 일을 통해 직업을 창조해서 1인 기업가로 살아가라고 이야기해 주고 싶어요.

편 선생님, 이제 우리 이야기의 끝에 도착한 것 같아요. 마지막으로 이 책을 읽는 청소년들에게 하고 싶은 말이 있나요?

이 학기 말이 되면 학생들에게 마지막으로 하는 말이 있어요. 청소년들에게도 똑같이 얘기하고 싶어요. 그대로 옮겨 볼게요.

"성공한 사람들에겐 그들만의 스토리와 콘텐츠, 열정과 노력이 있습니다. 여러분들도 자신만의 스토리와 콘텐츠를 가진 창조적 인간으로 살아가길 바랍니다. 대기업에 취직하기보다 대기업에 다니는 친구가 부러워하는, 대기업이 함께 일하고 싶어 하는 1인 기업인이 되길 빕니다."

그렇게 해서 성공하면 나를 꼭 기억해 달라고 덧붙이죠.

이 책을 읽는 청소년 여러분도 자신만의 스토리와 콘텐츠를 가진 성공한 사람이 된다면 이은화 선생님을 꼭 기억해 주세요.

편 선생님의 미술 이야기, 이 분야의 다양한 직업 이야기, 뮤지엄스토리텔러에 대한 정보 모두 즐겁고 유익했습니다. 직업을 통해 행복한 인생을 보낼 수 있는 많은 조언이 있었던 것 같아요. 저도 이 글을 읽는 청소년들도 취미가 직업이 되는 즐거운 노력을 실천하는 것만 남았습니다. 선생님, 감사합니다.

이 감사합니다. 저도 청소년 여러분의 꿈을 열심히 응원할게요. 우리 모두 파이팅!!

부록

미술관 스토리
갤러리 스토리
미술 분야의 직업 스토리

미술관 스토리

이　루브르는 박물관일까요? 미술관일까요?

편　박물관이요.

이　오르세는 박물관일까요? 미술관일까요?

편　미술관이요.

이　영어로는 오르세 뮤지엄, 루브르 뮤지엄이죠. 똑같은 뮤지엄인데 우리는 왜 오르세는 미술관, 루브르는 박물관이라고 부르는 걸까요?

편　정말 그렇네요. 미술관과 박물관의 차이가 뭔가요?

이　박물관은 역사적 가치가 있는 것들을 수집, 보관, 전시하는 곳이죠. 박물관에는 다양한 종류가 있어요. 역사박물관, 교통박물관, 민속박물관, 김치박물관 등. 미술관은 박물관의 한 종류로 미술 전문 박물관이에요. 오르세는 미술품이 주로 수집된 곳이라 미술관이라 번역해 부르는 거고, 루브르는 미술품 이외에도 여러 문화유산이 함께 수집된 곳이라 박물관이라 부르는 거죠.

편 그렇군요. 그럼, 미술관과 갤러리는 어떻게 다른가요?

이 미술관은 비영리로 운영하기 때문에 작품의 수집과 전시만 가능해요. 작품을 팔 수 없어요. 그런데 갤러리는 달라요. 영리 목적으로 세워졌기 때문에 누구나 설립할 수 있고 작품을 판매할 수 있죠.

편 그럼, 작가들은 상업 화랑과 미술관 중 어디서 더 전시를 하고 싶어 하나요?

이 대부분의 작가는 유명 미술관에서 전시회를 열고 그곳에 자기 작품이 영원히 소장되길 바라죠. '○○미술관에 작품이 소장된 작가'라는 건 작가들에겐 일종의 명예예요.

편 하지만 작품이 팔려야 먹고 살 수 있잖아요.

이 네. 그래서 상업 화랑 전시도 하고 전속작가도 되고 싶어 해요. 갤러리에도 급이 있는데, 작가들은 A급 유명 화랑의 전속 작가가 되고 싶어 하죠. 그래야 갤러리가 작가의 매니지먼트도 해주고 주기적으로 개인전도 열어서 작품을 팔아주니까요.

편 갤러리는 미술품을 사고파는 곳, 미술관은 작품을 소장하고 전시하는 곳이네요. 미술관은 허가를 받는 곳인가요?

이 허가제가 아니라 등록제예요. 학예사가 한 명 이상, 소장품이 100점 이상 있어야 미술관으로 등록할 수 있어요.

편 소장품의 기준이 따로 있나요?

이 미술관을 등록하기 전에 시나 지자체에서 구성한 전문가 그룹이 방문해서 소장품 및 여러 시설 요건에 대해 심사를 해요. 미술평론가, 미술학과 교수 등 미술 관련 전문가들이 팀을 이루어 심사하죠.

편 미술관 등록 심사를 엄격하게 하는 이유가 있나요?

이 미술관으로 등록되면 정부의 지원을 받게 돼요. 세금이 투입되는 거죠. 반대로 갤러리는 정부 지원을 받지 않아요. 그래서 일반 사업체들처럼 누구나 운영할 수 있어요.

편 미술관도 수익이 있나요?

이 미술관은 비영리기관이에요. 돈을 벌 생각이라면 갤러리를 해야죠. 국공립미술관의 경우는 국가나 해당 지자체의 지원금을 받아 운영되고, 기업이나 개인이 세운 미술관들은 기업이나 정부 보조금 또는 수익원으로 운영이 되죠. 입장료 수입이 있겠지만, 블록버스트 전시를 열지 않는 한 미술관은 수익을 발생시킬 수 있는 곳은 아니에요. 미술이 그렇듯, 미술관도 돈을 벌기 위해 존재하는 게 아니라 시민들의 문화적 욕구를 채워주기 위해 있는 거죠.

편 미술관에서 작품 거래를 못 하게 하는 이유가 있나요?

이 미술관은 갤러리와 달리 비영리 목적으로 설립된 문화기관이에요. 미술관에서 작품을 판매하면 결국은 영리 목적으로 운영될 거예요. 미술관은 작품 거래를 못 하게 법으로 정해놓았어요.

편 미술관에서 전시하는 작품들은 모두 미술관 소유인가요?

이 꼭 그렇지는 않아요. 미술관 소장품인 경우도 있지만 전시를 위해 작가나 소장자들에게 빌려오는 경우도 많아요.

편 국공립미술관은 작품을 구입할 때 기업미술관보다 제약이 많을 것 같아요.

이 미술관은 소장품 구입 비용이 책정되어 있어요. 지자체마다 다르죠. 국립현대미술관이 1년에 50억 원 정도 될 거예요. 서울시립미술관은 제가 알기로 20억 원 좀 넘고, 부산시립미술관은 5~8억 원 정도 돼요. 다른 공립미술관은 1~2억 원 정도고요. 지자체의 형편에 따라 차이가 많죠. 8억 원이 많을 거 같지만 그 돈으로 앤디 워홀의 큰 작품 한 점도 못 사요.

편 작품 구매 비용이 왜 적게 책정되는 거죠?

이 인식의 문제죠. 8억 원이면 미술작품 구입보다 차라리 복지에 쓰라는 의견이 많을 거예요. 어떤 지자체의 미술관은 작품 구매 비용이 한 푼도 없어서 소장품 구입을 몇 년째 한 건도 못 하고 있어요. 기증만 받고 있죠. 우리의 문화 수준이 더 높아지면 문화에 투자되는 사회적 비용도 더 많아지겠죠. 아직은 시간이 더 필요한 것 같아요.

편 외국은 어떤가요?

이 유럽이나 미국의 미술관은 작품 구입에 대한 지원 규모가 완전히 달라요. 그리고 국공립미술관은 기업체 후원이 굉장히 많죠. 유럽의 미술관 입구에 들어서면 기부한 사람 이름, 기업체 이름이 다 적혀 있는 경우가 많아요. 미술관 안의 전시장마다 돈을 기부한 사람 이름을 적어놓고 전시장 이름도 기부자의 이름을 따르기도 해요. '존 윌슨 갤러리' 이런 식으로요. 미술관에 기부한 보람이 있겠죠? 그래서 더 적극적으로 하는 것 같아요.

그리고 외국은 미술관장이 기업의 CEO처럼 기업의 돈을 잘 끌어오는 역할을 해요. 그걸 잘하느냐 못하느냐에 따라 관장의 역량이 평가되죠.

편 우리나라 미술관도 기업체 후원을 받나요?

이 우리나라 미술관도 기업체 후원을 받아 전시를 진행하긴 해요. 국립현대미술관 서울관에서 2014년부터 한국을 대표하는 중진 작가들의 개인전을 열어주는 〈MMCA 현대차 시리즈〉도 국내 대기업의 후원으로 이루어진 전시죠. 그런데 이건 국립현대미술관이니까 가능한 거예요. 지방에 있는 미술관들은 관장이 기업체 지원을 끌어오기가 쉽지 않아요.

이건 여담인데요. 우리나라의 한 기업이 영국의 국립현대미술관인 테이트 모던 1층의 전시를 위해 10년간 88억 원을 기부하기로 했어요. 그 기업이 왜 그토록 많은 전시 비용을 지원하는 걸까요? 그것도 남의 나라 미술관에요.

이 기업의 지원을 받은 전시는 모두 그 기업의 이름으로 진행이 돼요. 전시명을 '○○ 프로젝트'라고 하는 거죠. 이건 기업의 아트 마케팅이라 볼 수 있는데, 세계적인 문화기관을 후원함으로써 예술을 사랑하는 감각적인 기업 이미지를 만들고 싶은 거죠. 그래서 기업들이 미술관을 후원하는 거예요. 저는 개인적으로 이런 문화가 활성화되어야 한다고 생각해요.

테이트 모던이 한국 기업의 후원을 받고 난 뒤 제가 런던 출장길에 이 미술관을 들렀어요. 놀라운 변화가 생겼더라고요. 전시실 초입에 한국 작가 이불과 이우환의 작품이 걸려 있는 거예요. 앤디 워홀과 같은 세계적 작가들 작품과 함께.

우연인지는 모르겠지만 아무튼 한국 작가들 작품이 영국 유명 미술관에 전시되어 있으니 기분도 좋고 한국 미술의 위상이 올라간 듯해 뿌듯했어요.

편 우리나라는 미술관에 기부나 후원하는 사람들이 많은가요?

이 우리나라는 기업도 그렇지만 개인 기부자들이 많지 않아요. 영국의 테이트 모던 미술관은 회원으로 등록한 숫자만 15만 명이 넘어요. 주위의 부자들에게 미술관을 후원해 본 적 있는지 물어보면 아무도 대답을 안 하더라고요. 강의하면서 만나는 수강생 수백 명, 수천 명에게 미술관에 기부한 적이 있냐고 물어보면 아무도 없어요. 우리는 아직 그런 문화가 정착이 안 된 거죠.

영국의 국공립미술관들은 입장료가 없어요. 대신 자발적인 기부는 환영하죠. 테이트 모던 미술관에 가면 곳곳에 기부함이 놓여있어요. 디자인도 너무 예쁘고요. 젊은 엄마, 아빠들이 아이 손잡고 와서 기부함에 돈을 넣은 모습을 종종 봐요. 기부 문화를 어릴 때부터 가르쳐요. 그리고 이렇게 좋은 작품, 좋은 전시를 계속하기 위해 우리가 기부를 해야 한다는 걸 어릴 때부터 가르치는 거죠. 그리고 그게 가능한 게 미술관이 모두를 위한 공공의 미술관이라고 생각하기 때문이에요.

시민들이 우리의 미술관이라고 생각할 수 있게끔 미술관들도 많이 노력해야 하죠. 좋은 전시도 많이 기획하고, 좋은 소장품도 지속적으로 구입하고, 공공의 미술학교로서 역할을 잘해야죠. 그러기 위해 국가가 시스템적으로 잘 뒷받침해줘야 하고요.

편 개인도 미술관 후원자가 될 수 있는 거군요. 그런데 미술관이 공공의 미술학교라는 건 어떤 의미인가요?

이 한국에선 미술 교육을 받기 위해 미술학원에 다니잖아요. 미술대학에 진학하기 위해 입시 미술학원은 필수고요. 예중, 예고도 있죠. 그런데 세계적인 예술가나 디자이너는 잘 나오지 않죠. 왜일까요?

유럽이나 미국에는 미술학원이 없어요. 그런데도 세계적인 미술가, 디자이너들이 많이 배출되죠.

그들에겐 미술관이 바로 미술학교예요. 어릴 때부터 미술관에서 명화들을 보면서 감상과 토론식 교육이 시작돼요. 실기는 그다음이죠. 제가 유럽 미술관에 갈 때마다 놀라는 게 뭐냐면 평일 오전에 고등학생들이 선생님과 함께 미술관에 와서 그림 앞에서 토론식 수업을 하는 거예요. 한국에선 입시생이라 불리는 고등학생들이 미술관에 가서 수업하고 있는 모습을 상상하기가 어렵잖아요.

유럽은 미술관이 공공의 미술학교라는 인식이 강해요. 어린이부터 성인까지 모두를 위한 교육기관이죠. 대부분의 교육프로그램은 무료거나 최소한의 비용만 받아요.

영국 내셔널 갤러리의 경우, 사회적 소외계층 학생들이나 시각장애인을 위한 미술 감상 수업을 따로 운영할 정도로 각 계층에 맞춘 다양한 교육을 제공해요.

미술관의 실기 수업에서 포트폴리오를 만들어 미술대학에 진학하는 경우도 봤어요.

편 미술학원이 한국에만 있는 건지 몰랐네요. 그런데 요즘은 미술관에서 음악회도 하더라고요.

이 네. 요즘 미술관들은 단순히 미술품 전시만 하는 곳이 아니라 음악회, 패션쇼, 영화 상영, 명사 강연 등 다양한 이벤트가 열리는 복합문화공간을 지향해요. 국공립미술관이나 기업에서 운영하는 규모 있는 사립미술관들이 그런 편이죠. 직장인을 위해 하루 정도는 밤 8시까지 문을 열기도 하고요.

밤늦게까지 문 여는 건, 1990년대에 독일 미술관에서 시작된 건데, 반응이 좋아서 한국뿐 아니라 다른 나라에서도 많이 실시하고 있어요. 독일에서는 새벽 1시까지 문 여는 미술관도 봤어요.

편 미술관은 그림만 전시하는 공간이라는 고정관념을 깨는 게 중요하다는 생각이 들어요.

이 제가 쓴 『가고 싶은 유럽의 현대미술관』 책에는 미술관에 대한 우리의 고정관념과 상식을 깨는 독특한 미술관들이 많이 소개되어 있어요. 요즘 미술관들은 복합문화공간을 지향한다고 말씀드렸는데, 그 시작은 프랑스 파리의 퐁피두센터예요. 우리는 프랑스 국립현대미술관으로 알고 있는데, 정식 이름은 '국립 조르주 퐁피두 예술문화센터'예요. 기니까 그냥 퐁피두센터라고 불러요. 이곳은 1977년에 개관했는데 센터 안에 프랑스 국립 근·현대미술관뿐 아니라 공공정보 도서관, 음악·음향 연구소, 영화관, 서점, 카페, 레스토랑 등이 다 들어가 있어요. 한마디로 완벽한 복합문화센터죠. 미술관이 복합문화공간화되는 건 2000년대 이후의 세계적 트렌드였어요. 프랑스가 굉장히 빨랐던 거죠.

그런데 이러한 복합문화공간에 대한 아이디어를 누가 냈는지 아세요? 바로 당시 프랑스 대통령이에요. 조르주 퐁피두 대통령 이름을 따서 퐁피두센터가 된 거죠. 1960년대 말에 대통령이 아이디어를 냈어요. 국립현대미술관에 대통령 이름이 붙는 게 신기하죠? 우리나라는 대통령이 그런 아이디어를 내는 것도 쉽지 않고 국립문화기관에 대통령 이름을 붙이는 것도 상상하기 어려워요. 그런데 프랑스는 이미 1970년대에 그런 것들이 이루어진 거죠.

앞으로 문화가 어떻게 발전할 것인지, 미술관이 어떤 방향으로 나아갈 것인지 꿰뚫어 보는 혜안을 대통령이 가지고 있었던 거죠. 그래서 프랑스가 문화 강국인 거예요. 우리도 문화강국이 되려면 나라의 지도자들이 먼저 문화적 마인드와 비전을 가져야 해요.

편 선생님이 생각하는 미술관을 한마디로 요약하면 뭘까요?
이 미술관은 '기적'이에요. 이제 문화가 아니면 먹고살기 힘든 시대에 접어들었어요. 문화예술로 우리의 활동을 확장하지 않으면 개인의 삶과 사회의 발전에 한계가 있어요. 문화 경쟁의 시대인 거죠.

세계 도처에서 미술관 건립이 붐이에요. 그들은 지금 기적을 짓고 있는 거죠. 대표적 사례가 스페인의 빌바오 구겐하임 미술관Guggenheim Bilbao Museum이예요. 제 책에도 소개했는데, 빌바오는 스페인 북부 바스크 지역에 위치한 인구 35만 명이 사는 작은 도시예요. 1980년대 이후 도시의 주력 산업이었던 철강업과 조선업이 쇠락하면서 이 도시는 몰락해가는 도시가 되었어요. 거기에 더해 10년간 바스크 분리주의자들의 테러 전쟁까지 겪어서 한마디로 희망이 없는 도시였죠. 실업률은 35%까지 올랐고, 젊은이들은 고향을 떠났죠. 그런데 빌바오 시는 도시 재생을 위해 다른 산업시설을 유치하는 대신 문화를 선택해요. 세계적 명성의 뉴욕 구겐하임 미술관 분관 건립을 추진하죠. 미술관 설계도 세계적 건축 거장인 프랑크 게리에게 의뢰하죠. 멋진 미술관 하나 지어서 문화예술의 도시로 거듭나고자 했어요. 상당히 위험 부담이 큰 결정이었죠.

그런데 그들의 선택은 옳았어요. 빌바오 구겐하임 미술관을 오픈하고 1년 동안 140만 명의 관광객이 찾아왔어요. 도시 인구의 네 배 이상이죠. 관광객들이 와서 뭐 하겠어요? 보고 먹고 자고 쇼핑하겠죠. 식당과 고급 호텔이 지어지고 상점들이 점점 늘어났고, 실업률 문제는 절로 해결되었죠. 일자리가 생기니 고향을 떠났던 젊은이들도 다시 돌아왔고요. 개관 후 10년 동안, 이 미술관에 천만 명 가까이 다녀갔어요. 관광객이 쓴 돈은 16억 유로, 우리 돈으로 2조 원이 넘어요. 이런 사례가 뮤지엄의 성공 신화죠.

미술관은 비영리 문화기관이고 우리의 문화적인 욕구를 채워주기 위한 곳이지만, 때로는 도시의 경제를 살리는 구원투수가 되기도 하는 거죠. 그래서 전 미술관을 감히 '기적'이라 말해요.

갤러리 스토리

편 갤러리에 대해 알고 싶은데요. 우리나라에 갤러리는 몇 개나 있나요?

이 갤러리 수는 정확하게 파악이 안 돼요. 뮤지엄은 천 개가 넘어요. 통계청 자료에 따르면 2022년 기준 우리나라 박물관과 미술관 수는 총 1,194관이에요. 그중에서 미술관이 285관 정도 돼요. 갤러리는 생겼다가 없어지는 경우가 많아서 정확한 수를 알기 어려워요. 최소 500개는 넘을 거예요.

편 작가가 갤러리에서 작품 전시 및 판매를 하려면 어떤 과정을 거치나요? 작가가 갤러리를 선택하나요?

이 갤러리도 종류가 다양해요. 한국에서는 화랑이라고 부르니까 화랑으로 설명할게요. 크게 일반 상업 화랑과 대관 화랑으로 나눌 수 있는데, 대관 화랑은 작가가 돈을 내고 일정 기간 전시 공간을 대여해서 전시하는 화랑을 말해요. 일반 상업 화랑은 전시할 작가를 화랑이 직접 정해요. 대신 전시 비용과 작가 관리 비용 등을 모두 화랑에서 대줘요. 작가들은 유명 상업 화랑의 전속작가가 되고 싶어 하죠.

이외에도 대안공간이 있어요. 비영리 전시 공간을 말하는데, 상업 화랑에서 전시하기 힘든 실험적인 젊은 작가들의 작품을 선호하는 편이죠. 대안공간들은 포트폴리오 공모를 통해 작가를 뽑아요. 대형 상업화랑 이외 대부분의 중소 화랑도 포트폴리오 공모를 통해 전시할 작가를 찾는 경우가 많아요.

편 갤러리의 전속작가가 되면 어떤 지원을 받은 건가요?

이 보통 2년에 한 번씩 개인전도 열어주고 작가 프로모션도 하는 거죠. 연예인들하고 비슷해요. 에이전시에 소속이 되면 에이전시가 그 연예인의 모든 스케줄 관리부터 홍보까지 다 책임지잖아요. 연예인들이 계약서를 쓰듯 작가들도 갤러리와 전속 계약을 맺는데 보통 2년 단위로 해요.

외국의 대형 화랑들은 뉴욕, 런던, 홍콩 등에 분점을 둔 경우도 많아요. 해서 작가들을 전 세계로 프로모션 하죠. 우리나라의 큰 화랑들도 서울 외에 뉴욕, 상하이 등에 분점을 둔 곳이 있어요. 해외 전시나 국제 아트페어를 통해 국내 작가를 해외에 홍보해요.

제가 아는 유명 작가는 미국에서 작품 전시회를 할 때 일등석 비행기 표와 숙박료 일체를 갤러리에서 다 부담해 주더라고요. 물론 규모 있는 큰 화랑의 전속이라 가능한 거죠.

편 아마추어 작가도 갤러리에서 전시를 할 수 있나요?

이 돈이 있으면 대관 화랑에서 전시할 수 있죠. 주 단위의 대관료를 내면 돼요. 요즘은 대관 화랑들도 수준 유지 차원으로 포트폴리오 심사를 하더라고요. 대부분의 젊은 작가들은 갤러리의 포트폴리오 공모에 많이 지원해요. 공모에 당선이 되면 무료로 전시할 수 있고, 홍보 등에서 지원받을 수 있으니까요. 중견 작가 정도 되면 초대전 형식으로 아는 화랑과 협의해서 전시를 많이 해요. 유명 작가들이야 대부분 전속 화랑에서만 전시를 하고요.

편 갤러리는 작품 판매를 하잖아요. 작품이 팔리면 그 돈은 작가가 갖나요?

이 갤러리에서 작품이 판매되면 보통 작가와 갤러리가 5:5로 나눠 가져요. 그림 하나가 천만 원이면 작가가 500만 원, 갤러리가 500만 원을 가져가죠. 그런데 작가의 인지도나 갤러리의 기여도에 따라 비율은 조금씩 달라지기도 해요.

편 작품은 작가가 창조한 건데 갤러리에서 너무 많이 갖는 것 아닌가요?

이 갤러리의 임대료, 직원 급여, 마케팅 비용, 관리 비용 등이

다 포함되어 있어요. 그래서 판매 금액의 50%를 가져가죠. 그렇지만 유명 작가 데이미언 허스트 같은 경우는 자신이 '갑'이에요. 작가와 갤러리가 7:3으로 나눈다고 들었어요. 작품 판매 가격이 수억 원에서 수백억 원까지 하니까요.

편 정말 억 소리 나는 그림값이네요. 왜 그렇게 그림값이 비싼 건가요?

이 미술품은 일반 상품과 달라요. 공장에서 대량 생산하는 제품이 아니죠. 작가의 아이디어와 혼이 담긴 창작물이에요. 값을 매기기 힘든 부분이지만 작가도 작품을 팔아야 먹고 살수 있고 누군가는 그 작품을 소유하고 싶어 하니까 그림값이 필요한 거죠.

그림값은 작가의 명성, 희소성, 작품의 보존 상태, 출처 등여러 복잡한 요소가 작용해 매겨져요.

반 고흐의 그림은 보통 천억 원이 넘어요. 왜일까요? 일단고흐는 너무나 유명한 화가죠. 누구나 고흐의 해바라기 한 점은 집에 걸어 두고 싶을 거예요. 하지만 고흐는 이미 죽었고 작품은 남아 있는 게 별로 없어요. 그게 희소성이죠. 공급할 수있는 그림은 단 한 점인데 갖고 싶은 사람이 너무 많아요. 그럼, 그 그림은 가장 많은 돈을 낼 수 있는 사람한테 팔리는 거죠. 그 사람이 지급할 수 있는 금액이 바로 고흐의 그림값인 거죠. 같은 고흐의 그림이라도 보존 상태가 더 좋고 미술사적 가치가 더 높으면 더 비싼 가격이 매겨지겠죠. 누가 이 작품을 소장하고 있었는지도 중요해요. 유명 인사나 유명 미술관에 전시된 작품이면 작품값에 프리미엄이 더 붙는 거죠.

편 그림값의 비밀. 흥미롭네요. 고흐 그림이 제일 비싼가요?

이 아니요. 고흐가 그린 〈가셰 박사의 초상〉이 1990년 크리스티 경매에서 900억 원에 팔렸어요. 현 시가로 약 1,700억 원 정도 해요. 당시로선 경매 최고가였죠. 하지만 이 기록은 이후 몇 번이나 깨졌어요.

지금까지 판매된 세상에서 제일 비싼 그림은 레오나르도 다빈치의 그림이에요. 다빈치가 1499년에서 1510년 사이에 그린 〈구세주〉라는 그림인데, 예수를 그린 초상화예요. 2017년 뉴욕 크리스티 경매에서 4억 50만 달러에 팔렸어요. 우리 돈으로 무려 5천억 원이에요.

하지만 이 기록도 언제 또 깨질지 몰라요. 고흐의 숨은 대표작이 경매에 나온다면 작품 최고가를 또 갱신할 거예요.

편 이제부턴 경매 관련 뉴스도 챙겨 볼 것 같네요. 그림값이 비싸다고만 생각했는데 그 이유도 이제야 알 것 같아요. 그런데 보통 사람들이 그림을 사려면 어디서 사야 하나요?

이 신생 화랑에서 전시하는 젊은 작가들의 작품은 그리 비싸지 않아요. 그리고 아트페어를 이용해도 좋고요. 아트페어는 서울의 코엑스나 부산의 벡스코 같은 대형 전시장이나 호텔 등에서 열리는 대형 미술 장터라고 생각하면 돼요. 갤러리들이 부스를 차려서 작가들의 작품을 판매해요. 작가들이 직접 부스를 차려 작품을 판매하는 경우도 있고요. 신진 작가의 소품은 20~30만 원부터도 있어요.

편 그림값은 무조건 수백만 원이 넘는 줄 알았는데 꼭 그렇지만은 않군요.

이 솔직히 명품 핸드백 하나 살 돈이면 젊은 작가의 작품을 살 수 있어요. 결혼 선물, 생일 선물, 이사 선물로 작은 그림 하나가 선택될 수 있는 사회적 분위기가 형성되면 우리도 문화 강국이 될 거예요.

미술 분야의 직업 스토리

편 미술관, 갤러리, 옥션 등 미술 분야의 다양한 직업들이 궁금해요.

이 미술관부터 살펴보죠. 관장이 있고 그다음에 전시를 기획하는 학예사, 우리가 말하는 큐레이터죠. 에듀케이터도 있어요. 전시와 연계된 교육 프로그램을 담당하는 사람들이죠. 그리고 도슨트가 있어요. 미술관에서 관람객들에게 그림을 설명해 주는 사람이에요. 국공립미술관의 경우 도슨트는 자원봉사자들인 경우가 많아요. 미술을 좋아한다면 일정 기간 교육을 받은 후 누구나 할 수가 있어요. 그밖에 전시 도록이나 리플릿을 만드는 디자이너, 홍보 담당자, 마케팅 담당자, 미술품 복원사, 자료를 수집, 관리하는 아카이브 담당자, 설치 기사 등도 있고요. 대형 미술관의 경우 학예사들도 국내부와 국제부로 나뉘기도 하고요.

레지스트라^{registrar}라는 직업도 있어요. 미술관에서 미술품이 들고나는 것을 기록하는 소장품 관리원이죠. 미술작품의 이동이 많은 루브르 박물관 같은 경우는 레지스트라가 매우 많아요. 이렇듯 여러 직군의 사람들이 미술관에서 일을 하죠.

편 미술관에는 큐레이터만 있는 줄 알았는데, 정말 다양한 직업군이 있군요. 갤러리는 어떤가요?

이 미술관만큼은 아니지만 갤러리에서도 다양한 사람들이 일을 하죠. 크게 갤러리 대표와 직원들로 구성이 돼요. 우리나라에선 '갤러리 관장'이라고 부르던데 잘못된 표현이에요. 갤러리 사장이 맞는 말이죠. 갤러리는 하나의 사업체거든요. 갤러리 직원들의 명함을 받아보면 대부분 큐레이터라고 적혀있어요.

그런데 갤러리에서 일하는 사람들은 큐레이터가 아니에요. 외국 갤러리 직원들의 명함을 보면 갤러리 스태프staff라고 되어 있어요. 전시를 열고, 작품을 판매하는 직원인 거죠. 물론 대형 화랑의 경우는 전시팀과 판매팀 직원을 따로 두기도 해요. 일반적인 상업 화랑의 직원은 거의 멀티플레이어들이 많아요. 전시 기획부터 도록 디자인과 전시 소개말 작성, 전시 홍보와 판매까지 다 하는 경우가 많아요. 정말 능력자들이죠. 좋아하지 않으면 절대 다 소화할 수 없는 일이죠.

편 옥션에는 어떤 직업이 있어요?

이 여러 직업이 있지만 경매사가 제일 중요하죠. 경매사는 경매의 꽃이라 불려요.

편 어떤 역할을 해요?

이 경매를 진행해서 작품을 팔아요. 누구한테 어떤 작품이 있는지 다 알아야 하고 그중에서 판매할 작품을 골라요. 그리고 고객들에게 선보이는 일이에요.

좋은 작품을 경매시장에 내놓으려면 그것들을 갖고 있는 소장자들을 다 파악하고 있어야 해요. 고도의 정보력이 필요하죠. 그리고 누가 어떤 작품을 필요로 하는지도 알고 있어야겠죠.

예를 들면 이중섭의 〈황소〉가 경매시장에 나왔다고 쳐요. 경매사는 작품을 사고 싶어 하는 고객이 누군지를 이미 알고 있어야 해요. 그리고 그 사람한테 연락을 하죠.

"이번 옥션에 〈황소〉가 나오니까 꼭 오세요."

작품 구입을 희망하는 고객이 여러 명 있으면 경쟁을 유도해서 최고로 높은 가격에 판매하는 거죠.

편 우리나라에는 경매사가 몇 명 정도 있어요?

이 정확한 수는 모르겠고, 20명 정도 있다고 들었어요. 우리는 경매회사 자체가 많지도 않고 역사도 짧아요. 제일 오래된 서울옥션이 1998년에 처음 생겼거든요. 소더비 경매가 1744년에 설립되었어요. 그 역사가 벌써 280년이 되었어요. 경매

문화가 오래되었을 뿐 아니라 그 수도 엄청나요. 우리나라는 서울옥션, K옥션 이렇게 두 개가 메이저예요. 역사는 짧지만, 성장은 빠른 편이에요. 두 경매사는 서울에 본점이 있고 홍콩에 분점을 두고 있는데 실적도 좋아요.

2016년 4월 서울옥션 홍콩 경매에서 우리나라 작가의 최고가 기록이 나왔는데요. 김환기 화백이 1970년에 그린 추상화 한 점이 10회가 넘는 경합 끝에 3,300만 홍콩달러에 판매가 됐어요. 우리 돈 48억 원이 넘어요. 그런데 이게 끝이 아니에요. 두 달 뒤 K옥션의 '여름 경매'에서 김환기 작가의 1972년도 작품이 54억 원에 낙찰이 됐어요. 한국 현대미술의 경매 가격이 50억을 넘긴 건 처음이었죠. 많은 전문가들이 하는 얘기가 '이제 시작이다'였어요. 아니나 다를까 3년 후인 2019년 홍콩 크리스티 경매에서 김환기의 〈우주〉라는 그림이 132억 원에 팔리면서 한국 미술 경매 최고가를 경신했어요. 한국 현대미술의 위상이 많이 올라갔다는 방증이죠.

편 듣기만 해도 기분 좋은 소식이네요. 미술 분야의 직업 중에서 제일 많이 들어본 건 큐레이터인 것 같아요. 자격이나 처우는 어떤가요?

이 사람들은 큐레이터에 대한 환상을 많이 갖고 있어요. 영화나 드라마를 통해서 심어진 이미지인 것 같아요. 드라마에 나오는 큐레이터는 예쁘고 늘씬하고 멋진 옷을 입고 있죠. '화이트 큐브'라 불리는 세련된 갤러리 공간 안에서 유명 작가들의 그림에 둘러싸여 근무하죠. 한마디로 우아하면서도 있어 보이는 직업으로 묘사되죠.

현장은 달라요. 정말 치열한 일터이면서 총소리 없는 전쟁터예요. 새 전시가 잡히면 월, 화, 수, 목, 금, 금, 금 출근이에요. 까다로운 작가들 비위를 맞춰야 하고, 어떤 작품을 어떻게 배치할지 작가와 의논하고, 전시 소개 글도 쓰고, 언론 보도 자료도 써야 하고, 오프닝 행사 준비도 해야 하는 등 전시가 완성되기까지 눈에 보이지 않는 세세한 일들이 많아요. 그 외 갤러리 관련 온갖 잡무까지 다 해야 해요.

일하는 강도에 비해 보수는 많지 않아요. 상업 화랑의 경우 규모에 따라 다르지만, 월 100만 원대부터 250만 원 사이를 받는 것 같아요. 본봉은 적고 작품 판매에 대한 인센티브를 받는 경우가 많고요.

국공립미술관들은 들어가기가 힘들어서 그렇지 그나마 괜찮은 편이에요. 10년의 큐레이터 경력을 가진 제 후배가 지방의 한 공립미술관에서 연봉 4~5천만 원을 받아요. 경력이 더 짧은 경우엔 평균 연봉이 3천만 원 정도 되는 것 같아요. 그 정도면 대우가 좋은 거예요. 왜냐하면 큐레이터는 자기가 좋아서 하는 일이거든요. 유명 작가들을 만나고 전시를 기획하고 언론과 인터뷰하는 일들이 너무 즐거워서 하는 거예요. 좋아하지 않으면 견딜 수 없는 일이 미술계 일이고요.

경매회사는 미술관보다 조금 더 나을 거예요. 대기업 초봉 정도의 연봉을 준대요. 물론 거기도 마케팅, 행정직 등 여러 분야의 일이 있죠. 그런데 경매사가 되는 게 굉장히 힘들어요.

편 갤러리, 미술관, 옥션 이외에 미술 관련 다른 직업도 많나요?

이 매우 많아요. 아트페어 사무국이나 국제비엔날레 재단에서 일을 할 수도 있고요. 아트 컨설팅 회사나 전시 기획 전문 회사들도 있어요.

또 대기업에도 미술 관련 부서가 있어서 대기업에 취직할 수도 있고요. 조직이나 회사 없이 단독으로 일하는 독립 큐레이터나 아트 딜러, 아트 컨설턴트들도 있어요. 프리랜서들이죠. 저처럼 미술책을 내고 강연을 하는 1인 기업가도 있고요. 최근엔 저작권법이 강화되다 보니 미술품 전문 변호사나 회계사도 생겨나고 있고, 미술 정보 아카이브 회사, 아트 투어 전문 여행사, 작품 운송 및 설치 전문회사, 작품 촬영 스튜디오, 미술 전문 유튜버 등 미술과 관련된 회사나 직업들이 생각보다 많아요. 미술이 늘 새로운 것을 추구하듯, 미술계 내에도 새로운 직업군이 계속 생겨나고 있어요.

런던 크리스티 경매장에서

청소년들의 진로와 직업 탐색을 위한
잡프러포즈 시리즈 2

미술과 여행을 좋아한다면

뮤지엄
스토리텔러

2024년 1월 2일 개정판 1쇄

지은이 | 이은화
펴낸이 | 유윤선
펴낸곳 | 토크쇼

편집인 | 김수진
교정 교열 | 박지영
표지디자인 | 이든디자인
본문디자인 | 문지현
마케팅 | 김민영

출판등록 | 2016년 7월 21일 제2019-000113호
주소 | 서울시 마포구 월드컵북로98, 2층 202호
전화 | 070-4200-0327
팩스 | 070-7966-9327
전자우편 | myys237@gmail.com
ISBN | 979-11-92842-53-0 (43190)
정가 | 15,000원